Excel avanzado 365

Beatriz Coronado García

ic editorial

Excel avanzado 365

1ª Edición

Editado por: IC Editorial
c/ Cueva de Viera, 2, Local 3
Centro Negocios CADI
29200 Antequera (Málaga)
Teléfono: 952 70 60 04
Fax: 952 84 55 03
Correo electrónico: iceditorial@iceditorial.com
Internet: www.iceditorial.com

ISBN: 979-13-7027-150-3
Depósito Legal: MA 258-2026

Impresión: PODiPrint
Impreso en Andalucía – España

Nota de la editorial: IC Editorial pertenece a Innovación y Cualificación S. L.

Índice

OBJETIVOS GENERALES

Los objetivos generales del título **Excel avanzado 365,** son los siguientes:

- Utilizar funciones: introducción, biblioteca de funciones, sintaxis de una función.
- Trabajar con funciones matemáticas, trigonométricas, estadísticas y financieras.
- Anidar funciones.
- Modificar funciones.
- Usar referencias circulares.
- Manejar funciones: de texto, de búsqueda y referencia.
- Conocer el uso de funciones lógicas.
- Conocer herramientas de edición avanzadas.
- Nombrar rangos de celdas.
- Gestionar datos con Excel. Validación de datos.
- Utilizar tablas y gráficos dinámicos.
- Automatizar procesos mediante macros.
- Importar y exportar datos con Excel.

Unidad de aprendizaje 1

Funciones y fórmulas avanzadas en Excel

Contenido

1. Introducción
2. Uso avanzado de funciones en Excel
3. Aplicación de funciones matemáticas, trigonométricas, estadísticas y financieras
4. Combinación y depuración de funciones
5. Manejo de funciones de texto, lógicas y de búsqueda
6. Resumen

Contenido

Los objetivos generales de esta Unidad de Aprendizaje son:

- Utilizar funciones: introducción, biblioteca de funciones, sintaxis de una función.
- Trabajar con funciones matemáticas, trigonométricas, estadísticas y financieras.
- Anidar funciones.
- Modificar funciones.
- Usar referencias circulares.
- Manejar funciones: de texto, de búsqueda y referencia.
- Conocer el uso de funciones lógicas.

Los objetivos específicos de esta Unidad de Aprendizaje son:

- Comprender la estructura y el uso avanzado de funciones en Excel.
- Identificar la sintaxis, los argumentos y los elementos de una función.
- Utilizar la biblioteca de funciones y el asistente de fórmulas.
- Aplicar funciones matemáticas y trigonométricas en cálculos complejos.
- Calcular resultados mediante funciones estadísticas avanzadas.
- Emplear funciones financieras para la gestión de valores y operaciones.
- Combinar funciones en fórmulas compuestas mediante anidamiento.
- Detectar errores y referencias circulares en las fórmulas.
- Manipular texto mediante funciones específicas.
- Implementar funciones lógicas para condiciones y decisiones.
- Consultar información mediante funciones de búsqueda y referencia.

1. Introducción

En el trabajo con hojas de cálculo, llega un momento en el que las operaciones básicas ya no son suficientes. Para analizar datos de forma precisa, automatizar cálculos o tomar decisiones basadas en condiciones concretas, Excel ofrece un conjunto muy amplio de funciones y fórmulas avanzadas. Estas herramientas permiten transformar datos dispersos en información útil y estructurada.

En esta unidad exploraremos cómo están formadas las funciones, qué elementos componen su sintaxis y cómo aprovechar la biblioteca integrada de Excel para encontrar la fórmula adecuada en cada situación. A partir de ahí, profundizaremos en funciones matemáticas, trigonométricas, estadísticas y financieras, utilizadas habitualmente para realizar análisis complejos con rapidez y precisión.

Sergio trabaja a diario con hojas de cálculo que cada vez requieren cálculos más complejos y análisis más precisos. Hasta ahora ha utilizado fórmulas básicas, pero necesita automatizar procesos, combinar información y obtener resultados fiables sin invertir tanto tiempo.

2. Uso avanzado de funciones en Excel

HILO CONDUCTOR

Sergio se enfrenta cada día a hojas de cálculo llenas de datos que debe interpretar con rapidez. Aunque domina las fórmulas básicas, siente que muchas de sus tareas se vuelven repetitivas y requieren demasiado tiempo. Por eso decide profundizar en el uso avanzado de funciones: comprender cómo están estructuradas, identificar sus elementos y aprovechar la biblioteca de Excel para seleccionar la más adecuada según cada situación.

El uso avanzado de funciones en Excel permite transformar hojas de cálculo básicas en herramientas mucho más potentes y eficientes. A través de estas funciones es posible **automatizar tareas repetitivas,** realizar **cálculos complejos** sin intervención manual y **organizar la información** de forma más precisa.

NOTA

Para cualquier persona que gestione datos, dominar estas funciones supone un gran avance: no solo aumenta la velocidad de trabajo, sino que también reduce errores y facilita la interpretación de los resultados.

Conocer la estructura de las funciones, su sintaxis y el uso de la biblioteca integrada permite crear fórmulas fiables y adaptadas a cualquier situación real.

2.1. Comprender la estructura y el uso avanzado de funciones en Excel

Para sacar el máximo partido a Excel, es importante entender **qué es una función** y cómo se utiliza dentro de una hoja de cálculo.

DEFINICIÓN

Función
Fórmula ya preparada por el propio Excel que realiza un cálculo concreto de forma automática. En lugar de escribir el cálculo paso a paso, basta con llamar a la función adecuada y proporcionarle la información necesaria.

En su forma básica, todas las **funciones** tienen cuatro características comunes:

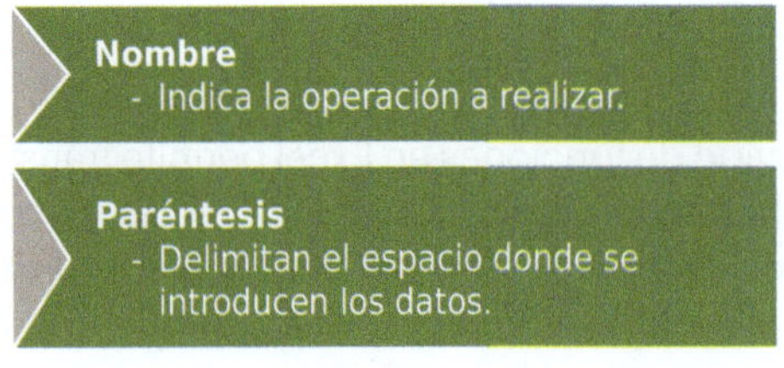

Continúa en página siguiente >>

<< Viene de página anterior

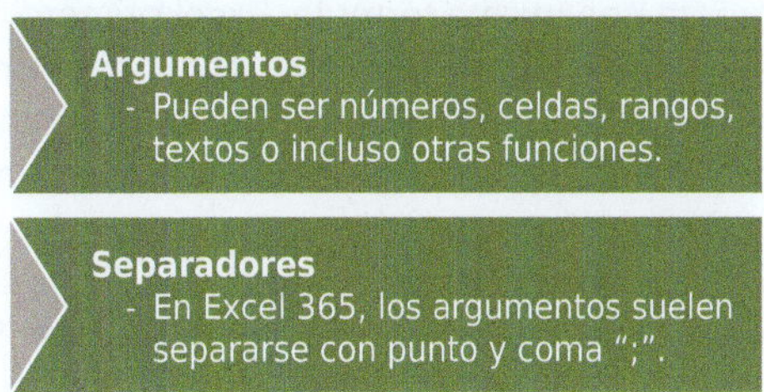

EJEMPLO

Función =SUMA(A1:A5):

Función =SUMA(A1:A5)

Nombre:
SUMA → Es la operación que Excel va a realizar.

Paréntesis:
( ) → Indican dónde comienzan y dónde terminan los datos que usará la función.

Argumentos:
A1:A5 → Es el rango de celdas sobre el que se aplica la función.

Excel sumará todos los valores contenidos entre A1 y A5.

Además de estas funciones básicas, Excel ofrece un nivel avanzado que permite resolver problemas más complejos.

Por ejemplo:

- **Cálculos condicionados.** Se refiere a operaciones que solo se realizan si se cumple una condición concreta. Por ejemplo, calcular un descuento solo si el importe supera cierta cantidad, o mostrar un mensaje distinto según el valor de una celda. Este tipo de cálculos se realiza con funciones como SI(), Y(), O(), entre otras.

- **Operaciones encadenadas.** Son cálculos que combinan varias funciones dentro de una misma fórmula. Excel primero resuelve una función y utiliza ese resultado dentro de otra, como cuando se anidan funciones. Esto permite resolver problemas más elaborados, por ejemplo: aplicar un promedio solo de los valores que cumplen una condición, o buscar un dato y después compararlo.
- **Análisis de grandes conjuntos de datos.** Consiste en estudiar, resumir o interpretar información que contiene muchas filas o columnas. Para este análisis se utilizan funciones estadísticas, funciones de conteo o técnicas que permiten detectar tendencias, valores máximos, mínimos o repeticiones. Con ellas se puede analizar información masiva sin revisarla manualmente.
- **Búsquedas específicas dentro de tablas.** Significa encontrar rápidamente un dato concreto dentro de una hoja con muchos registros. Excel permite buscar información mediante funciones como BUSCARV(), COINCIDIR(), ÍNDICE() o BUSCARX(), que devuelven valores exactos sin tener que recorrer la tabla celda por celda.

Estas funciones avanzadas no están pensadas solo para expertos, sino para cualquier persona que quiera trabajar con mayor precisión y reducir pasos manuales.

2.2. Identificar la sintaxis, los argumentos y los elementos de una función

Cada función en Excel sigue una estructura clara llamada **sintaxis,** que permite que el programa entienda qué debe hacer. Conocer esta sintaxis es como aprender la gramática de un nuevo idioma: una vez sabe cómo se ordenan los elementos, puede crear fórmulas sin miedo a equivocarse.

La sintaxis de una función normalmente se presenta así:

NOMBRE_DE_LA_FUNCIÓN(argumento1; argumento2; argumento3...)

No todas las funciones necesitan el mismo número de argumentos: algunas requieren solo uno, mientras que otras tienen varios obligatorios y otros opcionales. Por ejemplo:

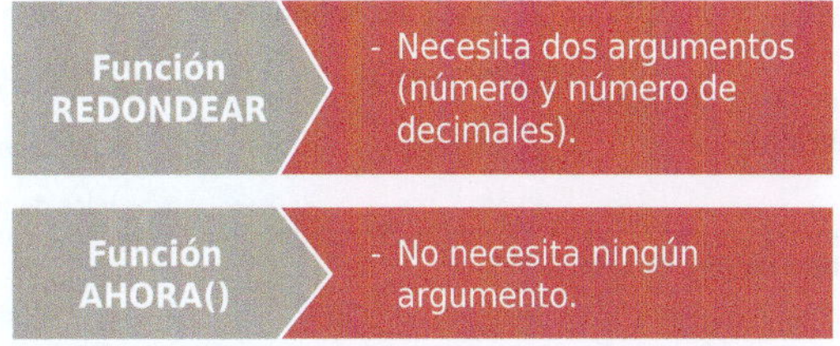

Identificar cada uno de estos elementos permite usar correctamente cualquier función, modificarla cuando sea necesario y comprender con rapidez qué está haciendo Excel en cada cálculo. Esto resulta especialmente útil en hojas largas, donde una sola función mal escrita puede alterar toda la información.

2.3. Utilizar la biblioteca de funciones y el asistente de fórmulas

Excel 365 dispone de una amplia **biblioteca** en la sección de fórmulas organizada por categorías (matemáticas, estadísticas, financieras, lógicas, de texto, de búsqueda y referencia, entre otras):

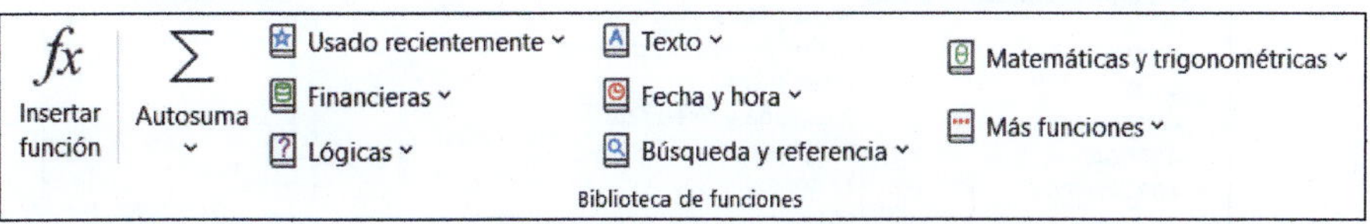

La biblioteca de funciones agrupa y clasifica las fórmulas para facilitar su uso según la necesidad del cálculo.

También se puede acceder a la biblioteca al hacer clic en el botón de **Insertar función:**

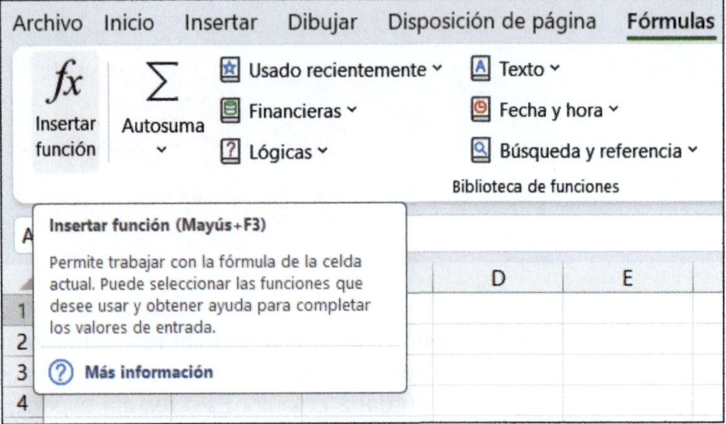

El cuadro de ayuda permite entender el uso de la función seleccionada antes de aplicarla en una celda.

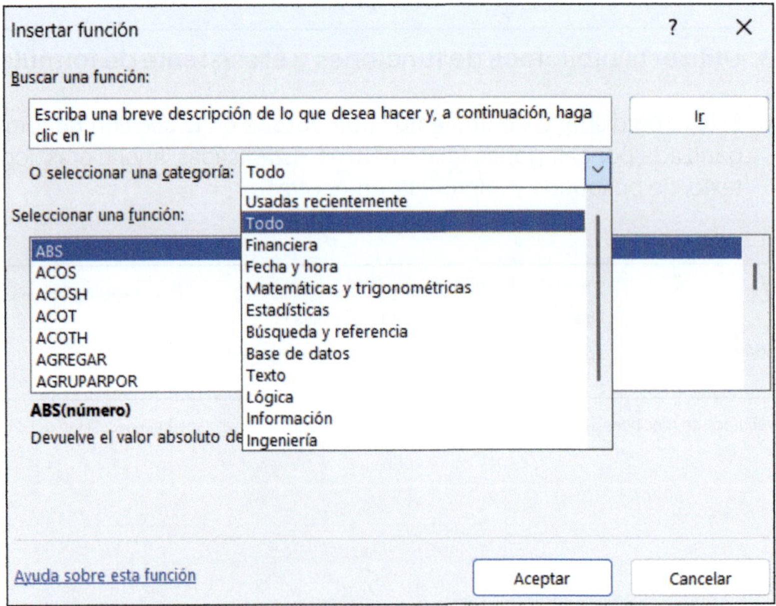

El buscador interno acelera la selección de funciones mediante palabras clave o filtrado por categoría.

La biblioteca permite:

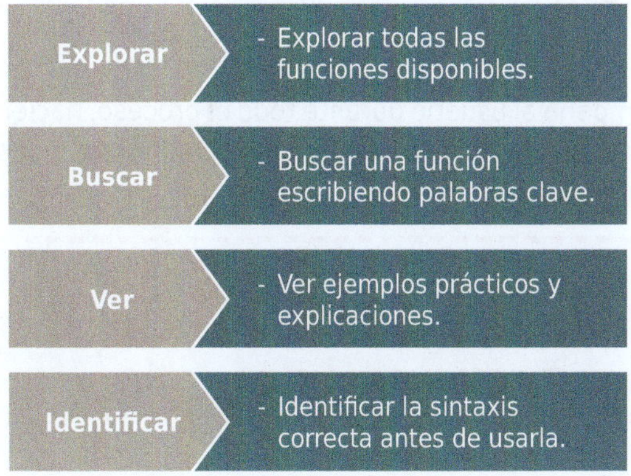

Además, Excel incluye el **modo de auditoría de fórmulas.** Este asistente muestra una ventana con todos los argumentos, permite comprobar si están bien escritos y señala errores para corregirlos:

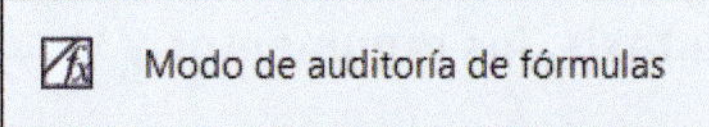

La auditoría permite visualizar dependencias y comprobar la lógica interna de las fórmulas.

	A	B	C	D
1	Mes	Unidades vendidas	Precio unitario (€)	Ingresos (€)
2	Enero	420	55	=PRODUCTO(B2:C2)
3	Febrero	380	55	=PRODUCTO(B3:C3)
4	Marzo	510	55	=PRODUCTO(B4:C4)
5	Abril	470	55	=PRODUCTO(B5:C5)
6	Mayo	530	55	=PRODUCTO(B6:C6)
7	Junio	610	55	=PRODUCTO(B7:C7)
8	Julio	720	55	=PRODUCTO(B8:C8)
9	Agosto	680	55	=PRODUCTO(B9:C9)
10	Septiembre	560	55	=PRODUCTO(B10:C10)
11	Octubre	600	55	=PRODUCTO(B11:C11)
12	Noviembre	750	55	=PRODUCTO(B12:C12)
13	Diciembre	820	55	=PRODUCTO(B13:C13)

Las fórmulas automáticas multiplican valores de forma dinámica para obtener resultados sin cálculos manuales.

NOTA

Excel acompaña al usuario durante todo el proceso, haciendo que las funciones avanzadas estén al alcance de cualquier persona que quiera mejorar su dominio de la hoja de cálculo.

APLICACIÓN PRÁCTICA

Cuando escribimos una función en Excel, su correcta interpretación depende de que el usuario conozca cuál es su nombre, qué argumentos necesita y cómo deben separarse y colocarse dentro de los paréntesis. Comprender estos elementos evita errores como el uso incorrecto de separadores, argumentos incompletos o nombres mal escritos.

¿Cuál de las siguientes afirmaciones refleja correctamente cómo se identifican la sintaxis, los argumentos y los elementos de una función en Excel?

- **Una función solo requiere escribir su nombre seguido del signo igual, porque Excel interpreta automáticamente los argumentos aunque no estén escritos.**
- **Una función siempre necesita únicamente un argumento, y no importa si se usan comillas, paréntesis o separadores, porque Excel los ajusta de forma automática.**
- **La sintaxis de una función se compone del nombre, los paréntesis y los argumentos, que pueden ser valores, rangos o referencias, separados normalmente con punto y coma.**
- **Los argumentos solo pueden ser números y nunca se pueden combinar con otras funciones o textos porque eso generaría error.**

Solución

La estructura de cualquier función parte de un nombre que indica qué operación realizará, paréntesis que delimitan la información necesaria y argumentos, que pueden ser valores, referencias, rangos o incluso otras funciones, por ello la tercera opción sería la correcta.

3. Aplicación de funciones matemáticas, trigonométricas, estadísticas y financieras

HILO CONDUCTOR

En su departamento, Sergio prepara informes que incluyen cálculos numéricos complejos, comparativas entre periodos, análisis de variaciones y estimaciones económicas. Para poder automatizar estos procesos y reducir errores, comienza a utilizar funciones matemáticas, trigonométricas, estadísticas y financieras. Gracias a ellas puede resolver operaciones de forma rápida, obtener tendencias fiables y calcular valores relacionados con inversiones o amortizaciones.

Dominar las herramientas de las funciones ofrece una visión analítica más completa y profesional, útil tanto para informes administrativos como para estudios económicos o comparativos:

Como sabemos, Excel incorpora un amplio conjunto de funciones que permiten analizar datos desde diferentes **perspectivas:**

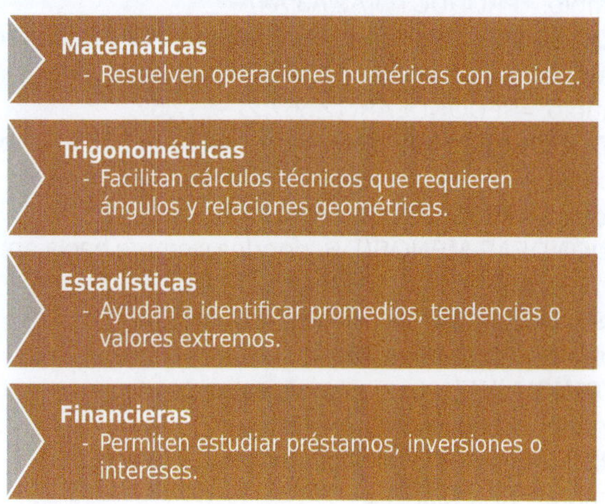

NOTA

Gracias a las funciones, tareas que antes requerían largos procesos manuales se convierten en cálculos automáticos y fiables.

3.1. Aplicar funciones matemáticas y trigonométricas en cálculos complejos

Las **funciones matemáticas** permiten realizar cálculos precisos sin necesidad de escribir operaciones largas o repetitivas. Estas funciones son esenciales cuando se necesita analizar cambios de cantidades, obtener totales condicionados o ajustar valores con redondeos específicos.

Entre las **funciones matemáticas** más utilizadas se encuentran:

- **SUMA().** Suma todos los valores de un rango de celdas.
  Ejemplo: =SUMA(B2:B13)
- **PRODUCTO().** Multiplica todos los números indicados.
  Ejemplo: =PRODUCTO(A2;A3;A4)
- **REDONDEAR().** Redondea un número a la cantidad de decimales que elijas.
  Ejemplo: =REDONDEAR(12,567;2) → 12,57
- **REDONDEAR.MAS().** Redondea siempre hacia arriba, sin importar el decimal.
  Ejemplo: =REDONDEAR.MAS(12,1;0) → 13
- **REDONDEAR.MENOS().** Redondea siempre hacia abajo.
  Ejemplo: =REDONDEAR.MENOS(12,9;0) → 12
- **ABS().** Devuelve el valor absoluto (sin signo).
  Ejemplo: =ABS(-45) → 45
- **POTENCIA().** Eleva un número a una potencia.
  Ejemplo: =POTENCIA(3;2) → 9
- **RAIZ().** Devuelve la raíz cuadrada de un número.
  Ejemplo: =RAIZ(25) → 5
- **ALEATORIO().** Devuelve un número aleatorio entre 0 y 1.
  Ejemplo: =ALEATORIO()
- **ALEATORIO.ENTRE().** Devuelve un número aleatorio dentro de un rango.
  Ejemplo: =ALEATORIO.ENTRE(1;100)
- **ENTERO().** Devuelve la parte entera de un número.
  Ejemplo: =ENTERO(7,8) → 7

- **SUMAR.SI().** Suma valores que cumplen una condición.
  Ejemplo: =SUMAR.SI(C2:C13;">5000")
- **SUMAR.SI.CONJUNTO().** Suma valores que cumplen varias condiciones a la vez.
  Ejemplo: =SUMAR.SI.CONJUNTO(D2:D13;B2:B13;">400";A2:A13;"Enero")
- **MULTIPLO.INFERIOR().** Redondea hacia abajo al múltiplo más cercano.
  Ejemplo: =MULTIPLO.INFERIOR(37;5) → 35
- **MULTIPLO.SUPERIOR().** Redondea hacia arriba al múltiplo más cercano.
  Ejemplo: =MULTIPLO.SUPERIOR(37;5) → 40

Las funciones trigonométricas, aunque más específicas, son útiles para sectores técnicos o cálculos basados en ángulos, como **SENO(), COS(), TAN()**, entre otras.

Pueden emplearse para cálculos físicos, ingeniería o análisis de datos que requieran convertir ángulos en valores numéricos:

- **SENO().** Devuelve el seno de un ángulo expresado en radianes.
  Se usa en cálculos que involucran triángulos, movimientos circulares o fluctuaciones periódicas.
  Ejemplo: =SENO(0,5) → Calcula el seno de 0,5 radianes.
- **COS().** Devuelve el coseno de un ángulo en radianes.
  Es útil en problemas de física, diseño técnico o cálculos de distancias.
  Ejemplo: =COS(1)
- **TAN().** Devuelve la tangente de un ángulo en radianes.
  Se utiliza en cálculos de pendientes, inclinaciones, ingeniería civil, etc.
  Ejemplo: =TAN(0,8)
- **ASENO().** Devuelve el ángulo cuyo seno es un valor dado (arcoseno).
  Convierte el resultado del seno a un ángulo en radianes.
  Ejemplo: =ASENO(0,7)
- **ACOS().** Devuelve el ángulo cuyo coseno es el valor especificado (arcocoseno).
  Ejemplo: =ACOS(0,3)
- **ATAN().** Devuelve el ángulo cuya tangente es el valor indicado (arcotangente).
  Ejemplo: =ATAN(1)
- **GRADOS().** Convierte radianes en grados.
  Es muy útil porque Excel trabaja por defecto en radianes.
  Ejemplo: =GRADOS(PI()/2) → devuelve 90°
- **RADIANES().** Convierte grados en radianes.
  Ejemplo: =RADIANES(180) → devuelve PI (≈3,14)
- **PI().** Devuelve el valor numérico de π (pi).
  Se utiliza como complemento en cálculos trigonométricos.
  Ejemplo: =PI()

3.2. Calcular resultados mediante funciones estadísticas avanzadas

Cuando necesitamos analizar **tendencias** o **variaciones** entre distintos periodos, las funciones **estadísticas** se convierten en una herramienta clave. Estas funciones permiten estudiar un conjunto de datos de forma precisa, identificando promedios significativos, desviaciones, máximos, mínimos o posiciones dentro de una distribución.

Algunas **funciones estadísticas básicas y avanzadas** que utiliza son:

PROMEDIO()
- Devuelve la media aritmética de un conjunto de valores.
- *Ejemplo:* calcular la media de ventas mensuales.

MEDIANA()
- Indica el valor que queda justo en el centro cuando los datos están ordenados.
- Es útil cuando hay valores muy altos o muy bajos que podrían distorsionar la media.

MODA()
- Devuelve el valor que aparece con mayor frecuencia en un conjunto de datos.
- Es ideal para identificar el elemento más repetido, como un producto o categoría.

MAX() y MIN()
- MAX devuelve el valor más alto y MIN devuelve el valor más bajo dentro de un rango.
- Permiten detectar rápidamente los extremos de una serie de datos.

DESVEST() / DESVEST.P()
- Miden cuánto se separan los valores respecto a la media.
- Sirven para conocer la variabilidad de un conjunto de datos:
  - **Valores muy dispersos** → Alta desviación
  - **Valores muy agrupados** → Baja desviación

***Marketing* relacional**
- Permiten contar elementos según el tipo de dato o una condición:
  - **CONTAR():** cuenta solo números.
  - **CONTARA():** cuenta cualquier dato (texto, número o mezcla).
  - **CONTAR.SI():** cuenta solo los que cumplen un criterio.
  - **CONTAR.SI.CONJUNTO():** cuenta los que cumplen varios criterios a la vez.
- *Ejemplo:* contar cuántos meses superan un límite de ventas.

Estas funciones ayudan a interpretar grandes volúmenes de información, detectar comportamientos inusuales, comparar periodos y presentar conclusiones sólidas en sus informes.

3.3. Emplear funciones financieras para la gestión de valores y operaciones

En el área administrativa, se gestionan operaciones económicas relacionadas con pagos periódicos, amortizaciones, intereses o valor futuro de inversiones. Excel ofrece un conjunto de **funciones financieras** que permiten automatizar estos cálculos con precisión profesional.

Entre las funciones más utilizadas se encuentran:

- **VF()** - **Valor futuro.** Permite calcular cuánto valdrá una inversión después de un número determinado de periodos. Es útil para estimar ahorros a largo plazo o inversiones con crecimiento constante.
- **VA()** - **Valor actual.** Devuelve el valor presente de un importe que se recibirá en el futuro. Ayuda a comparar alternativas de inversión o a valorar si un pago futuro resulta rentable hoy.
- **PAGO().** Calcula el importe que debe pagarse en cada periodo para amortizar un préstamo o inversión. Esta función se usa, por ejemplo, para conocer la cuota mensual de una hipoteca.
- **TASA().** Determina la tasa de interés real de una operación financiera. Es especialmente útil cuando se quiere conocer la rentabilidad o el coste real de un préstamo, más allá de lo que aparece en la publicidad.
- **NPER().** Indica cuántos periodos serán necesarios para pagar una deuda o alcanzar un objetivo financiero, como un ahorro programado.
- **INT.EFECTIVO().** Calcula la tasa efectiva anual a partir de una tasa nominal. Esta función es muy útil para comparar diferentes productos bancarios y decidir cuál es realmente más ventajoso.

Estas funciones ayudan a gestionar presupuestos, estudiar inversiones, analizar cuotas de préstamos y presentar proyecciones económicas claras.

Julia trabaja en el departamento administrativo y necesita analizar las ventas trimestrales de varios productos. Aunque domina las fórmulas básicas, muchas de sus tareas se vuelven repetitivas y requieren tiempo. Por eso quiere aprender a utilizar funciones avanzadas que le permitan automatizar cálculos y obtener resultados fiables rápidamente.

Para comenzar, Julia tendrá que trabajar con una hoja de ventas anual y, para ello, deberá aprender a usar funciones correctamente formadas, identificar argumentos y manejar la biblioteca integrada de Excel.

Julia introduce estos datos en Excel:

Producto	Ventas T1 (€)	Ventas T2 (€)	Ventas T3 (€)	Ventas T4 (€)
Sudadera Urban	12.500	14.800	16.200	15.900
Sudadera SoftFit	9.200	10.500	11.100	12.400
Sudadera ProTech	15.000	13.900	16.800	18.200

Julia tendrá que calcular el total anual de ventas de cada producto y, para ello, deberá usar funciones correctamente formadas.

En la columna "Total anual", escribe:

=SUMA(B2:E2)

Continúa en página siguiente >>

<< Viene de página anterior

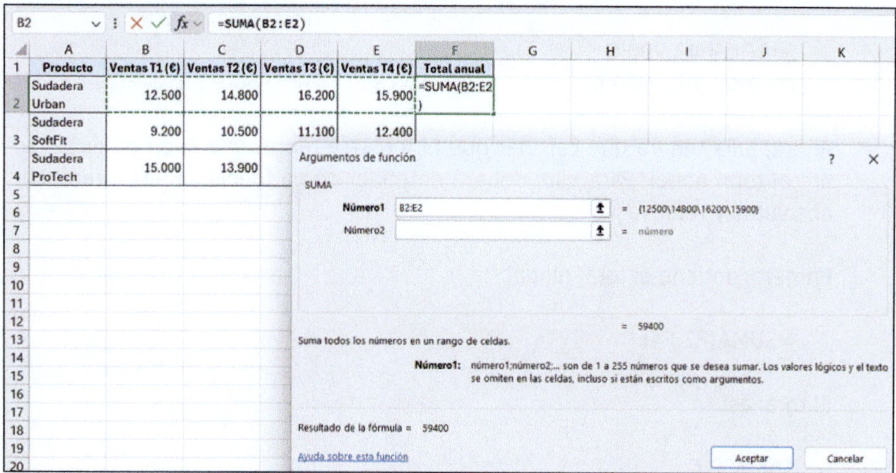

La herramienta de argumentos facilita la comprobación paso a paso de los valores utilizados en una fórmula.

Elemento	**Significado**
Nombre	SUMA → indica la operación.
Paréntesis	( ) → delimitan los datos.
Argumento	B2:E2 → muestra el rango de ventas trimestrales.

Resultado esperado:

Urban → 59.400 €

Al arrastrar hacia abajo, la fórmula se aplica al resto:

	A	B	C	D	E	F
1	**Producto**	**Ventas T1 (€)**	**Ventas T2 (€)**	**Ventas T3 (€)**	**Ventas T4 (€)**	**Total anual**
2	Sudadera Urban	12.500	14.800	16.200	15.900	59.400
3	Sudadera SoftFit	9.200	10.500	11.100	12.400	43.200
4	Sudadera ProTech	15.000	13.900	16.800	18.200	63.900
5						

El uso de referencias de celda garantiza resultados consistentes y evita errores habituales en el cálculo manual.

Continúa en página siguiente >>

<< Viene de página anterior

SoftFit → 43.200 €
ProTech → 63.900 €

Ahora, Julia tendrá que calcular qué porcentaje representa cada producto sobre el total anual. Para ello, deberá entender cómo funcionan las referencias absolutas y relativas.

Primero, obtiene el total global:

=SUMA(F2:F4)

El total es:

166.500 €

Después, en la columna "% sobre el total", Julia escribe:

=F2/$F$5

Elemento	Qué representa
F2	Ventas del producto
$F$5	Total fijado (referencia absoluta)
/	División para obtener porcentaje

Resultado: 0,3566

Arrastra el resto de las celdas hacia abajo:

	A	B	C	D	E	F	G
1	Producto	Ventas T1 (€)	Ventas T2 (€)	Ventas T3 (€)	Ventas T4 (€)	Total anual	% sobre el total
2	Sudadera Urban	12.500	14.800	16.200	15.900	59.400	0,356756757
3	Sudadera SoftFit	9.200	10.500	11.100	12.400	43.200	0,259459459
4	Sudadera ProTech	15.000	13.900	16.800	18.200	63.900	0,383783784
5					Total global	166.500	

El cálculo porcentual permite interpretar el peso relativo de cada elemento en comparación con el valor global.

Continúa en página siguiente >>

<< Viene de página anterior

Después, selecciona la celda y, en la pestaña Inicio, pulsa %:

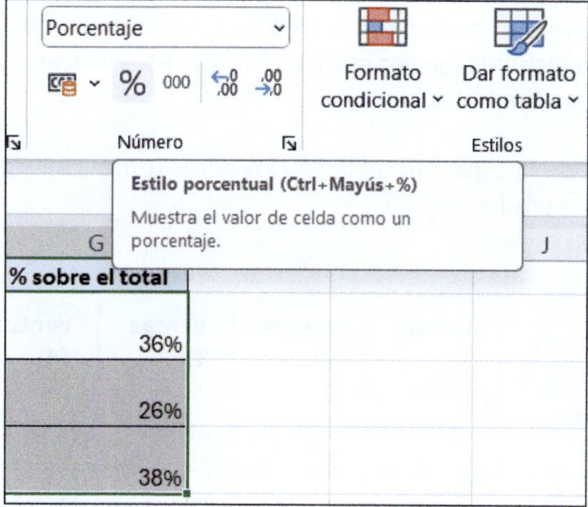

El formato de número adecuado mejora la comprensión inmediata de los resultados numéricos.

Urban → 35 %
SoftFit → 25 %
ProTech → 38 %

Para terminar, Julia tendrá que calcular el promedio anual de ventas. Para ello, deberá usar la biblioteca de funciones.

Julia va a **Fórmulas → Biblioteca de funciones → Estadísticas.**

- Selecciona **PROMEDIO.**
- En el asistente, selecciona **F2:F4.**
- Pulsa **Aceptar.**

Excel muestra:

=PROMEDIO(F2:F4)

Resultado esperado: 55.500 €

TAREA 1

Trabajas en el departamento financiero de una empresa textil. Debes preparar un pequeño informe en Excel con datos de ventas y rendimiento de producción, aplicando distintas funciones matemáticas, estadísticas y financieras para obtener conclusiones rápidas.

Dispones de la siguiente tabla con los datos trimestrales de ventas (en euros) y unidades producidas:

Producto	Ventas T1	Ventas T2	Ventas T3	Ventas T4	Unidades totales
Camiseta Basic	8.200	9.400	9.800	10.600	12.000
Camiseta Sport	11.000	12.200	11.600	12.400	15.000
Camiseta Premium	14.800	15.500	15.900	16.800	18.000

Tu tarea consiste en crear una hoja de cálculo que automatice los siguientes cálculos:

1. Total anual de ventas de cada producto
   Nombra la columna G1 como "Total anual".
   En G2, usa la función =SUMA(B2:E2) y arrástrala hacia abajo para el resto.
2. Promedio de ventas anuales
   Calcula la media de la columna "Total anual" con =PROMEDIO(G2:G4).
3. Porcentaje de cada producto sobre el total de ventas
   En G5, suma el total global con =SUMA(G2:G4).
   Después, en la columna "% sobre el total", escribe =G2/$G$5 y aplica formato de porcentaje.
4. Desviación estándar de las ventas
   Usa =DESVEST.P(G2:G4) para conocer cuánto varían las ventas entre productos.
5. Proyección de ventas del próximo año
   Si esperas un crecimiento del 8 %, sitúate en la celda I2 y calcula el nuevo total con =G2*1,08. Después, arrastra hasta I4.

Continúa en página siguiente >>

<< Viene de página anterior

6. Cálculo financiero: valor futuro de una inversión
   Supón que la empresa invierte 20.000 € a un interés del 5 % durante 3 años. Usa la función =VF(5%;3;0;-20000) para conocer el valor futuro.

4. Combinación y depuración de funciones

HILO CONDUCTOR

A medida que avanza en su aprendizaje, Sergio se da cuenta de que muchas situaciones reales requieren combinar varias funciones dentro de una misma fórmula. El anidamiento se convierte en una herramienta clave para resolver problemas con múltiples condiciones o cálculos encadenados. Sin embargo, también descubre que un pequeño error puede afectar al resultado completo. Por ello, aprende a detectar fallos, interpretar mensajes de error y gestionar referencias circulares.

A medida que las hojas de cálculo se vuelven más complejas, suele ser necesario **combinar varias funciones** para obtener resultados detallados o aplicar condiciones simultáneas.

Esta técnica, conocida como **anidamiento,** permite encadenar operaciones y crear fórmulas dinámicas capaces de resolver problemas reales.

Sin embargo, cuanto más compleja es la fórmula, mayor riesgo existe de introducir errores. Por ello, es esencial aprender a interpretar los mensajes de error de Excel, revisar las referencias utilizadas y detectar posibles referencias circulares.

4.1. Combinar funciones en fórmulas compuestas mediante anidamiento

El **anidamiento** consiste en utilizar una función dentro de otra para crear una fórmula más completa. Esta técnica permite resolver cálculos avanzados sin necesidad de crear columnas intermedias o repetir pasos manuales.

Aprender a anidar funciones es un punto clave, ya que permite automatizar situaciones donde una sola función no es suficiente.

Por ejemplo, una función LÓGICA como **SI**() puede contener dentro otra función como **PROMEDIO**(), **SUMA**() o **BUSCARV**(), dependiendo del cálculo que se necesite realizar. Excel evalúa primero la función interna y usa su resultado como parte de la operación principal. Esto permite:

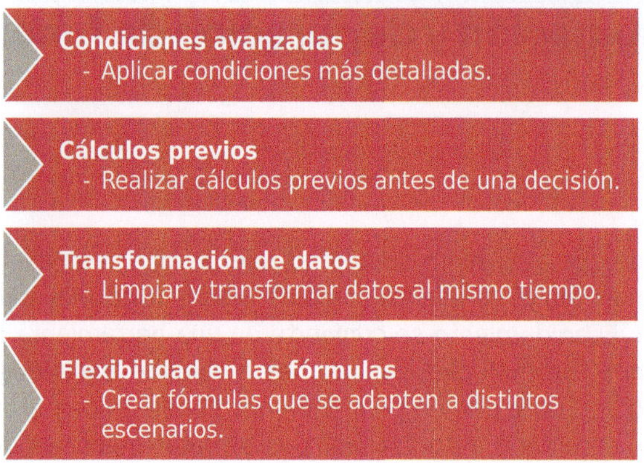

EJEMPLO

Julia quiere saber si un producto ha tenido buen rendimiento anual. Para ello, necesita comparar el total de sus ventas con el promedio de ventas de todos los productos.

En lugar de calcular primero el total, luego la media y, después, hacer la comparación, Julia lo resuelve todo dentro de una sola fórmula, usando funciones anidadas.

Fórmula:

=SI(SUMA(B2:E2) > PROMEDIO($B$2:$E$4); "Rendimiento alto"; "Rendimiento bajo")
La función interna SUMA(B2:E2) calcula el total de ventas del producto.
La función PROMEDIO($B$2:$E$4) obtiene la media de todas las ventas registradas.

Continúa en página siguiente >>

<< Viene de página anterior

La función externa SI() compara ambos resultados:
Si el total del producto es mayor que la media → "Rendimiento alto". Si no → "Rendimiento bajo".

¿Por qué esto es anidamiento?

Porque una función está dentro de otra: dentro de SI() hay una SUMA() y también hay un PROMEDIO().

Excel evalúa primero las funciones internas y usa esos resultados para completar la fórmula principal.

Para hacer **funciones anidadas** en Excel 365 hay unos cuantos **símbolos clave** que conviene tener muy claros.

A continuación, se presentan organizados y explicados con ejemplos:

- **Signo igual** =
  - Indica el inicio de una fórmula.
  - Sin el =, Excel entiende que es texto.
  - Ejemplo: =SI(SUMA(B2:E2)>10000;"Alta";"Normal")

- **Nombre de función + paréntesis NOMBRE().** Las funciones siempre se escriben como nombre seguido de paréntesis.
  En el anidamiento, verás varios pares de paréntesis uno dentro de otro.
  - SI()
  - SUMA()
  - PROMEDIO()
  - BUSCARV()

  Ejemplo anidado: =SI(SUMA(B2:E2) > PROMEDIO(B2:E4); "Por encima"; "Por debajo")
- **Punto y coma (;) → separador de argumentos.** En Excel 365, el punto y coma separa los argumentos dentro de una función.
  - En SI(condición; valor_si_verdadero; valor_si_falso)
  - En PROMEDIO(número1; número2; número3)

  Ejemplo: =SI(SUMA(B2:E2) > 50000; "OK"; "Revisar")

- **Dos puntos (:) → rango de celdas.** Sirven para indicar un rango continuo desde una celda hasta otra.

  - B2:E2 → desde B2 hasta E2
  - B2:B4 → desde B2 hasta B4

  Ejemplo:

  SUMA(B2:E2)
  PROMEDIO(B2:B4)

- **Punto y coma entre funciones anidadas.** Cuando anidas funciones como argumentos de otra, también van separadas por punto y coma (;). Ejemplo de tu unidad: PROMEDIO(SUMA($B$2:$E$2);SUMA($B$3:$E$3); SUMA($B$4:$E$4))
  Aquí el punto y coma separa cada SUMA dentro del PROMEDIO.
- **Comillas dobles (" ") → texto dentro de la fórmula.** Todo lo que quieras mostrar como texto debe ir entre comillas.

  - "Por encima de la media"
  - "Error en el cálculo"

  Ejemplo:

  =SI(ERROR.TIPO(A2)>0;"Revisar celda";"Correcto")
  =SI(SUMA(B2:E2)>PROMEDIO(...);"Por encima de la media";"Por debajo de la media")

- **Símbolo de dólar $ → referencia absoluta.** Sirve para fijar filas y/o columnas cuando copias fórmulas.
  Es muy útil en funciones anidadas que usan siempre el mismo rango para medias o totales.

  - $B$2:$E$4 → ni la columna ni la fila cambian al arrastrar.

  Ejemplo: =SI(SUMA(B2:E2) > PROMEDIO($B$2:$E$4); "Por encima"; "Por debajo")
- **Operadores de comparación** (>, <, >=, <=, =, <>). Se usan en la condición del SI y en otras funciones lógicas:

  - > mayor que
  - < menor que
  - >= mayor o igual que
  - <= menor o igual que

- = igual que
- <> distinto de

Ejemplos:

SI(B2>10000; "Alta"; "Normal")
SI(B2<>0; "Con stock"; "Agotado")
SI(Y(B2>10000; C2>0,2); "Excelente"; "Normal")

- **Operadores aritméticos** (+, -, *, /). Aunque uses funciones, a veces combinas operaciones normales dentro de la fórmula:

  - + suma
  - - resta
  - * multiplicación
  - / división

  Ejemplo dentro de un SI: =SI(SUMA(B2:E2)/4 > 15000; "Buen promedio"; "Mejorable")
- **Ampersand (&) → concatenación de texto.** Permite unir textos y resultados dentro de una misma fórmula.
  Ejemplo: ="Total anual: " & SUMA(B2:E2)
  También lo puedes usar dentro de un SI anidado.

4.2. Detectar errores y referencias circulares en las fórmulas

Cuando se trabaja con funciones avanzadas, es habitual encontrarse con errores como **#¡DIV/0!, #N/A, #VALOR!, #REF!,** entre otros. Aprender a interpretarlos es fundamental, ya que cada uno indica un tipo de problema diferente: falta un dato, se está dividiendo entre cero, hay un valor no válido o la referencia a una celda se ha perdido. No hay que ir a ningún menú: en cuanto la fórmula tiene un problema, Excel muestra directamente el código de error en la celda.

Excel ofrece herramientas que ayudan a localizar y corregir estos fallos, como la opción " **errores,** que guía paso a paso para identificar el origen del problema:

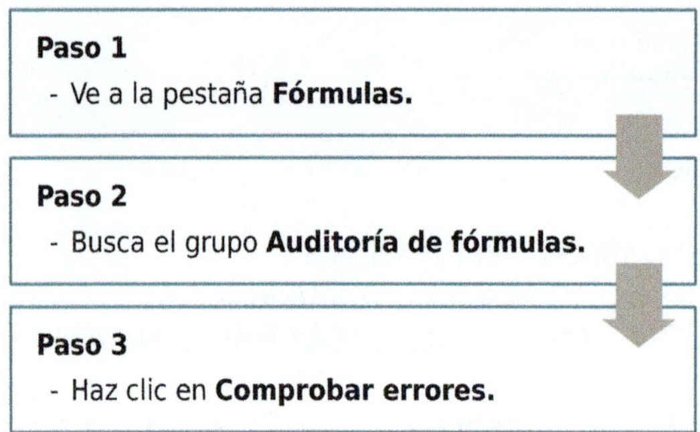

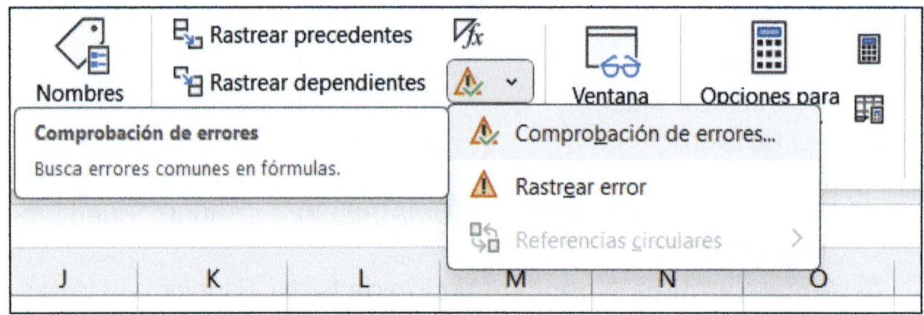

Las funciones de auditoría permiten detectar errores antes de compartir o presentar un archivo profesional.

Desde ese botón, Excel te va guiando paso a paso por cada error que encuentre en la hoja.

Además, es posible usar funciones como **SI.ERROR()** para controlar qué debe ocurrir cuando surge un fallo, lo que permite mostrar un mensaje más claro o un valor alternativo sin interrumpir el cálculo.

La función **SI.ERROR()** es una función normal, no un botón, así que puedes acceder a ella de dos **maneras:**

- **Escribiéndola directamente.** Seleccionas una celda y escribes, por ejemplo:

  =SI.ERROR(A2/B2;"Error en el cálculo")

- **Desde la biblioteca de funciones:**
  - Ve a la pestaña **Fórmulas.**
  - En el grupo **Biblioteca de funciones,** entra en **Lógicas.**
  - En la lista, busca y selecciona **SI.ERROR:**

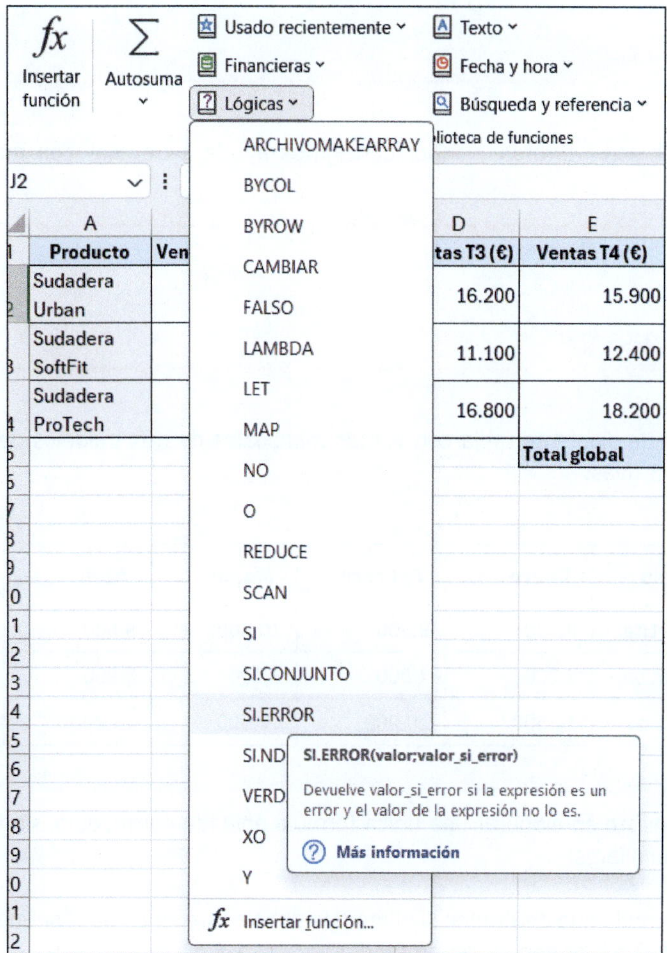

Las funciones lógicas automatizan decisiones dentro de una hoja y mejoran la dinámica del análisis de datos.

Se abrirá el asistente para rellenar los argumentos.

Otra situación que es importante aprender a gestionar es la de las **referencias circulares,** que ocurren cuando una fórmula intenta calcularse a sí misma directa o indirectamente. Excel avisa de forma automática, ya que esto puede producir cálculos incorrectos o infinitos. Para corregirlo, es necesario revisar la fórmula y ajustar las celdas implicadas para romper ese ciclo.

NOTA

Comprender estos errores y saber corregirlos ayuda a trabajar con mayor seguridad.

TAREA 2

Dispones de la siguiente tabla con ventas mensuales de tres modelos de zapatillas deportivas:

Modelo	Enero	Febrero	Marzo	Abril
RunnerLite	8.900	9.300	10.800	9.600
FlexMotion	7.200	7.800	8.100	8.900
ProActive	11.500	10.900	12.600	13.200

Tu tarea consiste en elaborar una única fórmula anidada por modelo, sin usar columnas auxiliares.

Crea una fórmula que determine si el modelo debe aparecer como "Por encima del promedio" o "Por debajo del promedio".

La decisión debe basarse en los siguientes cálculos, todos dentro de una sola fórmula:

Calcular el total del cuatrimestre del producto → SUMA().
Obtener el total del cuatrimestre de todos los productos → SUMA() anidada dentro de PROMEDIO().
Calcular la media general del cuatrimestre → PROMEDIO().
Comparar el total del producto con la media → SI().

La fórmula debe devolver:

"Por encima del promedio" si el total del modelo supera la media.
"Por debajo del promedio" si es igual o menor.

Continúa en página siguiente >>

<< Viene de página anterior

Indica la fórmula final y explica brevemente cómo funciona cada función anidada (SUMA, PROMEDIO, SI).

5. Manejo de funciones de texto, lógicas y de búsqueda

HILO CONDUCTOR

En ocasiones, Sergio recibe bases de datos poco ordenadas, con textos incompletos, códigos mezclados o listas extensas que debe revisar. Para agilizar su trabajo, aprende a utilizar funciones de texto que le permiten limpiar, unir o extraer información de manera automática. También incorpora funciones lógicas para establecer condiciones y automatizar decisiones dentro de la hoja.

Las **funciones de texto, lógicas y de búsqueda** permiten organizar, clasificar y localizar información dentro de una hoja de cálculo, algo fundamental cuando se trabaja con bases de datos extensas o poco estructuradas.

Su uso combinado convierte a Excel en una herramienta inteligente y altamente adaptable a cualquier tipo de gestión documental o administrativa:

Funciones de texto	- Las funciones de texto ayudan a limpiar y preparar la información para su análisis.
Funciones lógicas	- Las funciones lógicas permiten tomar decisiones automáticas dentro de la hoja basándose en criterios.
Funciones de búsqueda	- Las funciones de búsqueda facilitan encontrar datos concretos sin tener que revisar listas completas.

5.1. Manipular texto mediante funciones específicas

Las **funciones de texto** permiten trabajar con cadenas de caracteres de manera flexible. Estas funciones son especialmente útiles cuando se reciben listados que no siguen un formato uniforme, contienen espacios adicionales o incluyen datos mezclados que se necesita separar.

Entre las **funciones** más utilizadas destacan:

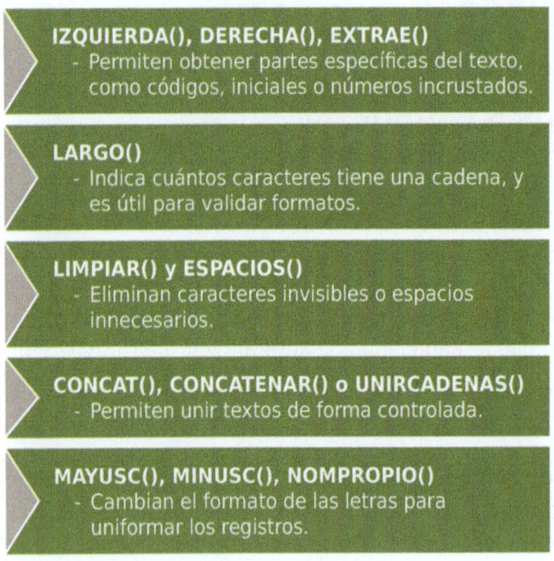

NOTA

Estas funciones ayudan a preparar los datos antes de analizarlos, asegurando que todos los textos tienen un formato coherente.

5.2. Implementar funciones lógicas para condiciones y decisiones

Las funciones lógicas permiten que Excel tome decisiones según se cumplan o no ciertos criterios. Son herramientas indispensables cuando se necesita clasificar datos, evaluar condiciones o mostrar resultados distintos según el caso.

La función más representativa es **SI()**, que sigue la estructura:

SI(condición; valor_si_verdadero; valor_si_falso)

Esta función le permite automatizar procesos como:

- **Mostrar un mensaje si un valor supera un límite.** Se puede usar SI() para que Excel muestre un texto automáticamente cuando una celda supera un valor determinado.
  Ejemplo: =SI(B2>10000;"Venta elevada";"Venta normal")
  Si las ventas del trimestre superan 10.000 €, Excel mostrará "Venta elevada".
- **Indicar si un producto está "Disponible" o "Agotado".** La función SI() permite clasificar el inventario de manera automática.
  Ejemplo: =SI(C2>0;"Disponible";"Agotado")
  Si el *stock* es mayor que 0, Excel muestra "Disponible"; si no, muestra "Agotado".
- **Clasificar notas, importes o categorías.** Es posible asignar categorías en función de distintos intervalos.
  Ejemplo: =SI(D2>=8;"Sobresaliente";SI(D2>=5;"Aprobado";"Suspenso"))
  Aquí se observa un ejemplo de anidamiento en SI() para múltiples niveles.
- **Activar cálculos solo si se cumple una condición.** SI() puede .hacer que Excel calcule algo únicamente cuando se cumpla la condición.
  Ejemplo: =SI(E2>20000; E2*0,10; 0)
  Si las ventas superan 20.000 €, Excel calcula una comisión del 10 %.
  Si no, devuelve 0.

Además, funciones como **Y()**, **O()** y **NO()** permiten combinar varias condiciones y hacer que las decisiones sean más precisas.

Por ejemplo, puede evaluar si dos criterios se cumplen a la vez o si basta con que se cumpla uno para que Excel muestre un resultado concreto:

- **Función Y() — Se cumplen todas las condiciones.** La función Y() solo devuelve VERDADERO si todas las condiciones son verdaderas.
  Ejemplo:
  Julia quiere saber si un producto es "Venta excelente" cuando cumple dos requisitos:

  - Ventas trimestrales mayores de 15.000 €
  - Margen superior al 20 %

Fórmula:

=SI(Y(B2>15000; C2>0,20); "Venta excelente"; "Normal")

Solo muestra "Venta excelente" cuando ambas condiciones se cumplen.

- **Función O() — Se cumple al menos una condición.** La función O() devuelve VERDADERO si alguna de las condiciones es verdadera.
  Ejemplo:

  Julia quiere identificar si un producto debe entrar en campaña especial porque:

  - O las ventas bajaron del mínimo.
  - O el *stock* está demasiado alto.

  Fórmula:

  =SI(O(B2<9000; D2>500); "Revisar producto"; "Correcto")

  Basta con que se cumpla una de las dos condiciones para activar la alerta.

- **Función NO() — Invertir el resultado.** La función NO() cambia un valor lógico a su opuesto:

  - NO(VERDADERO) → FALSO
  - NO(FALSO) → VERDADERO

  Ejemplo:

  Julia quiere resaltar los productos que no están agotados.

  Fórmula:

  =SI(NO(C2=0); "Con stock"; "Agotado")

  Convierte la condición en su contrario y simplifica la lógica.

Las funciones lógicas permiten crear hojas más inteligentes, que se adaptan automáticamente a los datos introducidos sin necesidad de modificar la fórmula cada vez.

5.3. Consultar información mediante funciones de búsqueda y referencia

Cuando se trabaja con bases de datos extensas, es necesario localizar información con rapidez sin revisar todo el contenido manualmente. Para ello, se utilizan las funciones de búsqueda y referencia, que permiten consultar datos de una tabla y devolver resultados específicos.

Entre las **funciones** más empleadas se encuentran:

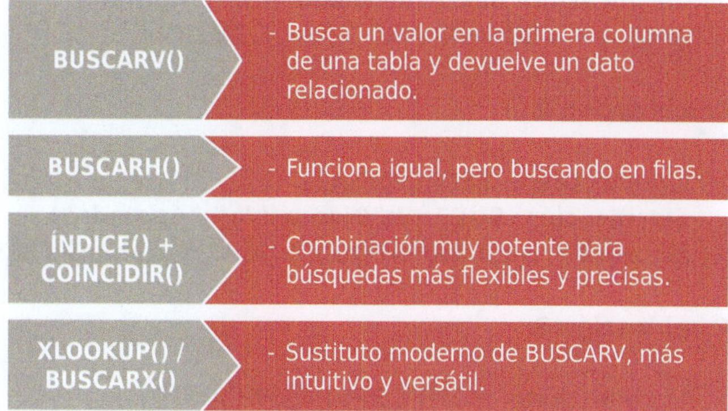

Sergio está limpiando una base de datos con productos que contienen códigos mezclados y nombres con espacios irregulares. Además, necesita clasificar cada artículo como "Disponible" o "Agotado" según su *stock* y, finalmente, obtener la categoría correspondiente a partir del prefijo del código.

Observa el siguiente registro:

- **Código: " SF_02 "**
- **Nombre: " softfit·· "**
- ***Stock:* 0**
- **Tabla auxiliar de categorías:**
    - **UR → Casual**
    - **SF → Sport**
    - **PT → Técnica**

Continúa en página siguiente >>

<< Viene de página anterior

Sergio quiere obtener el nombre limpio en formato correcto, clasificar el *stock* y devolver la categoría correspondiente mediante una búsqueda automática. ¿Cuál de las siguientes combinaciones de funciones resuelve correctamente las tres tareas?

- **Combinación 1**
  - **Limpiar texto: MAYUSC(A2)**
  - **Clasificación: SI(C2=0;"Disponible";"Agotado")**
  - **Búsqueda: BUSCARV(A2;Tabla;2;FALSO)**
- **Combinación 2**
  - **Limpiar texto: ESPACIOS(A2)**
  - **Clasificación: SI(C2>0;"Disponible";"Agotado")**
  - **Búsqueda: BUSCARH(IZQUIERDA(A2;2);Tabla;2;FALSO)**
- **Combinación 3**
  - **Limpiar texto: NOMPROPIO(ESPACIOS(B2))**
  - **Clasificación: SI(C2>0;"Disponible";"Agotado")**
  - **Búsqueda: BUSCARX(IZQUIERDA(A2;2); Prefijos; Categorías; "No encontrado")**
- **Combinación 4**
  - **Limpiar texto: SUSTITUIR(B2;" "; "")**
  - **Clasificación: SI(C2<0;"Agotado";"Disponible")**
  - **Búsqueda: COINCIDIR(A2;Tabla;0)**

Solución

La combinación correcta utiliza funciones adecuadas para cada necesidad del caso:

- Para limpiar y formatear correctamente el nombre, se combinan ESPACIOS() y NOMPROPIO(), lo que elimina espacios sobrantes y aplica mayúscula inicial.
- Para clasificar el *stock*, se usa SI(C2>0;"Disponible";"Agotado"), que identifica de forma precisa cuándo un producto tiene unidades o no.
- Para obtener la categoría, se utiliza BUSCARX() junto a IZQUIERDA(), lo que permite localizar el prefijo del código y devolver la categoría asociada incluso si hay variaciones en el texto.

Continúa en página siguiente >>

<< Viene de página anterior

Esta combinación reproduce fielmente el proceso profesional de limpieza, clasificación y búsqueda automatizada sobre bases de datos desordenadas.

ACTIVIDAD COMPLEMENTARIA

1. Analiza cómo las funciones de texto, lógicas y de búsqueda permiten transformar y automatizar la gestión de grandes bases de datos en Excel. Reflexiona sobre su aplicación práctica en contextos reales de trabajo administrativo o comercial:

   - ¿Qué ventajas ofrece utilizar funciones de texto como ESPACIOS(), NOMPROPIO() o IZQUIERDA() antes de aplicar cálculos o búsquedas en una base de datos?
   - ¿Cómo pueden las funciones lógicas como SI(), Y() u O() ayudar a tomar decisiones automáticas dentro de una hoja de cálculo? Pon un ejemplo.
   - Explica en qué casos resulta más útil emplear BUSCARX() o ÍNDICE() + COINCIDIR() en lugar de BUSCARV().

6. Resumen

Excel permite trabajar con funciones avanzadas que automatizan cálculos y procesan datos de forma precisa. Cada función se construye con un nombre, paréntesis y argumentos separados por punto y coma, y puede utilizar números, rangos, texto u otras funciones. La biblioteca integrada facilita buscar funciones, revisar su sintaxis y comprobar posibles errores mediante el asistente y las herramientas de auditoría.

Las categorías de funciones más utilizadas son las siguientes:

Matemáticas y numéricas	- Incluyen cálculos generales, redondeos y ajustes de valores, utilizados para operaciones con números.

Continúa en página siguiente >>

<< Viene de página anterior

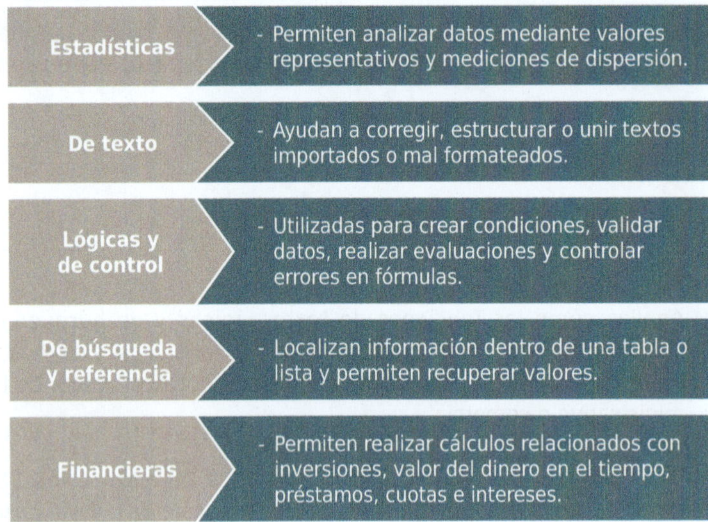

Las fórmulas pueden combinar varias funciones en un mismo cálculo mediante anidamiento. Excel evalúa primero las funciones internas y usa esos resultados para completar la operación principal, lo que permite resolver cálculos complejos en una sola celda. Al trabajar con datos globales o porcentajes, se utilizan referencias absolutas con el símbolo $, que fijan filas y columnas al copiar la fórmula.

Los errores más frecuentes indican problemas de datos, divisiones no válidas o referencias perdidas:

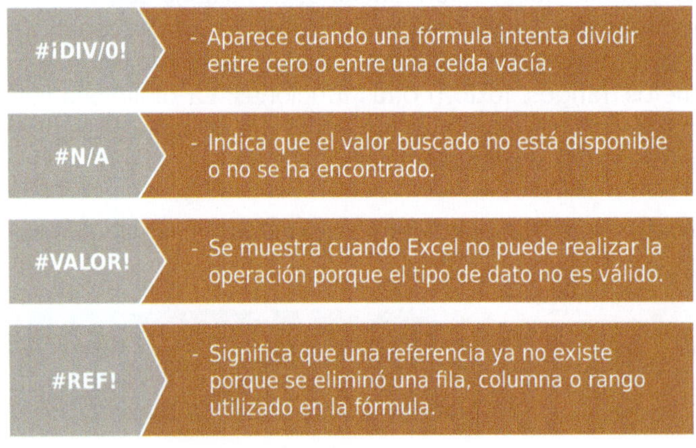

Estas incidencias pueden gestionarse con herramientas de comprobación de errores o con funciones como SI.ERROR, que permiten mostrar un valor alternativo. También pueden surgir referencias circulares cuando una fórmula se apunta a sí misma, directa o indirectamente, lo que obliga a revisar las celdas implicadas para evitar ciclos infinitos y resultados incorrectos.

Ejercicios de autoevaluación Unidad de Aprendizaje 1

1. ¿Qué es una función en Excel?

a. Una fórmula predefinida que realiza cálculos automáticos
b. Un tipo de gráfico que resume datos
c. Un formato de celda para números
d. Un comando del menú Inicio

2. ¿Cuál de los siguientes elementos forma parte de la sintaxis de una función?

a. El encabezado de hoja y el formato de celda
b. El nombre, los paréntesis y los argumentos
c. Los colores aplicados al rango
d. Las opciones de diseño y presentación

3. ¿Qué función permite sumar solo los valores que cumplen una condición?

a. PRODUCTO()
b. SUMAR.SI()
c. POTENCIA()
d. ALEATORIO()

4. Indica si las siguientes oraciones son verdaderas o falsas:

a. "El símbolo $ se usa para fijar celdas y mantener referencias absolutas al copiar fórmulas".

- Verdadero
- Falso

b. "Las funciones pueden incluir texto, números y otras funciones como argumentos".

- Verdadero
- Falso

c. "El punto y coma se usa para separar hojas y libros en Excel".

- Verdadero
- Falso

5. ¿Qué diferencia a las funciones anidadas del resto?

a. Usan comillas dobles para mostrar texto.
b. Incluyen una función dentro de otra para resolver cálculos complejos.
c. Solo se aplican en gráficos o tablas dinámicas.
d. Sustituyen las referencias absolutas por relativas.

6. ¿Qué tipo de error indica el mensaje #¡DIV/0! en Excel?

a. Un error de formato en celdas combinadas
b. Un error de nombre de función
c. Una división entre cero o una celda vacía usada como divisor
d. Una referencia circular no resuelta

7. Indica si las siguientes oraciones son verdaderas o falsas:

a. "Las funciones trigonométricas, como SENO(), COS() O TAN(), se usan en cálculos técnicos o de ángulos".

- Verdadero
- Falso

b. "La función PROMEDIO() devuelve el valor máximo de un rango".

- Verdadero
- Falso

c. "Las funciones financieras permiten calcular intereses, amortizaciones o valor futuro".

- Verdadero
- Falso

8. ¿Qué función se usa para mostrar un valor alternativo si ocurre un error?

a. O()
b. BUSCARV()
c. SI.ERROR()
d. COINCIDIR()

9. ¿Qué diferencia principal tiene la función BUSCARX() con respecto a BUSCARV()?

a. Busca solo en columnas a la izquierda.
b. Necesita una macro para funcionar.
c. Permite buscar en cualquier dirección y es más flexible.
d. Solo sirve en tablas dinámicas.

10. Indica si las siguientes oraciones son verdaderas o falsas:

a. "Las funciones lógicas, como SI(), Y() u O(), permiten tomar decisiones automáticas según condiciones".

- Verdadero
- Falso

b. "El error #REF! aparece cuando una fórmula pierde su referencia a una celda".

- Verdadero
- Falso

c. "El anidamiento solo se puede usar con funciones estadísticas".

- Verdadero
- Falso

Unidad de aprendizaje 2

Herramientas avanzadas de gestión y automatización en Excel

Contenido

1. Introducción
2. Edición avanzada y gestión de rangos
3. Gestión y validación de datos
4. Análisis de información con tablas y gráficos dinámicos
5. Automatización de procesos mediante macros
6. Intercambio de información con otras fuentes y aplicaciones
7. Resumen

Objetivos

Los objetivos generales de esta Unidad de Aprendizaje son:

- Conocer herramientas de edición avanzadas.
- Nombrar rangos de celdas.
- Gestionar datos con Excel. Validación de datos.
- Utilizar tablas y gráficos dinámicos.
- Automatizar procesos mediante macros.
- Importar y exportar datos con Excel.

Los objetivos específicos de esta Unidad de Aprendizaje son:

- Emplear herramientas avanzadas de edición y gestión de rangos.
- Administrar rangos de celdas de forma eficiente.
- Controlar la entrada de datos en las hojas de cálculo.
- Saber gestionar información de grandes volúmenes de datos.
- Crear tablas dinámicas para analizar información compleja.
- Diseñar gráficos dinámicos y segmentadores interactivos.
- Introducir conceptos básicos de macros y automatización.
- Grabar macros para optimizar tareas repetitivas.
- Importar datos desde diferentes fuentes y formatos externos.
- Exportar información a otros formatos y aplicaciones.
- Crear tablas, gráficos dinámicos y segmentadores para analizar información compleja.

1. Introducción

A medida que avanzamos en el manejo de Excel, las fórmulas y funciones avanzadas ya no son la única herramienta clave para analizar o procesar información. En entornos profesionales, no solo se requiere calcular, sino también gestionar grandes volúmenes de datos, controlar la información introducida, automatizar tareas repetitivas y crear informes dinámicos y visuales que faciliten la toma de decisiones. Para ello, Excel incorpora un conjunto de herramientas avanzadas orientadas a la eficiencia y a la productividad.

En esta unidad aprenderás a administrar rangos y secciones de información de forma organizada, a usar la validación de datos para evitar errores comunes, a crear tablas y gráficos dinámicos que permitan analizar información desde distintas perspectivas, y a automatizar procedimientos mediante macros.

Sergio, que ya domina el uso de fórmulas avanzadas, empieza a gestionar archivos con muchos más datos y observa que cada acción manual consume un tiempo considerable y aumenta el riesgo de errores. ¿Puede Excel hacer parte del trabajo por él? En esta unidad descubrirá que sí: es posible transformar una hoja de cálculo estática en una herramienta inteligente, dinámica, segura y automatizada.

2. Edición avanzada y gestión de rangos

HILO CONDUCTOR

Sergio recibe ahora hojas con miles de filas, donde necesita localizar, separar y ordenar información rápidamente. Se da cuenta de que seleccionar celdas manualmente no es viable cuando la hoja crece y se modifica con frecuencia.

La **edición avanzada** en Excel se refiere al uso de herramientas que permiten modificar, organizar y preparar datos de forma eficiente, más allá de las acciones básicas de copiar, pegar o eliminar.

Por su parte, la **gestión de rangos** en Excel es el conjunto de acciones orientadas a **identificar, seleccionar, organizar y trabajar con grupos de**

celdas relacionadas dentro de una hoja de cálculo, tratándolas como una unidad lógica en lugar de manejar cada celda por separado.

2.1. Emplear herramientas avanzadas de edición y gestión de rangos

En **Excel 365** las herramientas avanzadas de edición permiten **manipular datos de forma rápida, limpia y precisa,** evitando tareas manuales repetitivas.

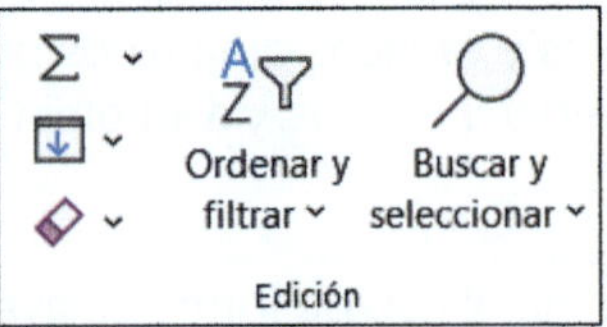

Las herramientas del grupo Edición permiten organizar y modificar datos de forma rápida y precisa.

A continuación, se expone **para qué sirve cada opción** del grupo **Edición** de la pestaña **Inicio** en Excel 365:

- **Rellenar (icono con flecha azul).** Sirve para completar automáticamente datos siguiendo un patrón, sin necesidad de escribirlos uno a uno.

Opción	**Para qué sirve**
Hacia abajo/arriba/izquierda/derecha	Copia el contenido de la celda seleccionada hacia la dirección indicada.
Series...	Crea una secuencia numérica o de fechas (por ejemplo: 1, 2, 3, 4... o enero, febrero...).
Justificar	Ajusta textos largos a varias líneas dentro de un rango.
Relleno rápido [Ctrl + Mayús + E]	Detecta patrones y los completa automáticamente (muy útil para separar nombres, apellidos, formatear códigos, etc.).

- **Ordenar y filtrar (A → Z con filtro).** Se utiliza para ordenar o filtrar información en listas o tablas.

Opción	Para qué sirve
Ordenar de A a Z	Ordena datos alfabética o numéricamente de menor a mayor.
Ordenar de Z a A	Ordena datos de mayor a menor.
Orden personalizado...	Permite elegir columnas, criterios y niveles de ordenación.
Filtro	Activa filtros para ocultar temporalmente datos que no interesan.
Borrar	Elimina filtros aplicados.
Volver a aplicar	Actualiza el filtro después de ciertos cambios en los datos.

- **Borrar (icono púrpura).** Sirve para eliminar información o formatos sin borrar la celda completa.

Opción	Para qué sirve
Borrar todo	Elimina contenido, formato, comentarios y notas.
Borrar formatos	Mantiene el contenido, pero elimina estilos, colores, bordes, etc.
Borrar contenido	Vacía la celda, pero mantiene el formato visual.
Borrar hipervínculos	Elimina enlaces dejando el texto.
Quitar hipervínculos	Elimina enlace y formato de enlace.

- **Buscar y seleccionar (icono de lupa).** Permite localizar información y elementos específicos dentro de la hoja.

Opción	Para qué sirve
Buscar...	Encuentra una palabra, un número o la parte de un texto.
Reemplazar...	Sustituye contenido automáticamente (por ejemplo, cambiar todas las comas por puntos).
Ir a...	Salta rápidamente a una celda o rango.

Continúa en página siguiente >>

<< Viene de página anterior

Opción	Para qué sirve
Ir a Especial...	Selecciona celdas con características específicas (vacías, con fórmulas, comentarios, etc.).
Fórmulas	Selecciona todas las celdas que contienen fórmulas.
Notas/ Comentarios	Localiza celdas que contienen notas o comentarios.
Formato condicional	Selecciona celdas con formato condicional aplicado.
Constantes	Selecciona celdas con valores fijos (que no son fórmulas).
Validación de datos	Selecciona celdas donde se han aplicado reglas de validación.
Seleccionar objetos	Selecciona todos los elementos gráficos (formas, imágenes, etc.).
Panel de selección...	Muestra una ventana lateral para organizar objetos como imágenes, formas, iconos, etc.

El uso de rangos en Excel aporta orden, precisión y rapidez al trabajar con grandes volúmenes de datos.

Cuando se gestionan rangos de forma adecuada, es posible:

Localizar más rápido
- Localizar más rápido la información dentro de una hoja extensa.

Evitar errores
- Evitar errores al seleccionar datos, especialmente en tablas grandes.

Reutilizar el rango
- Reutilizar el rango en distintas funciones o procesos sin tener que seleccionarlo cada vez.

Nombrar rangos
- Nombrar rangos para usarlos en fórmulas de forma más clara y comprensible.

Continúa en página siguiente >>

<< Viene de página anterior

Aplicar operaciones
- Aplicar operaciones masivas (formato, cálculo, ordenación, filtros, etc.).

EJEMPLO

Introduce estos datos en tu hoja de cálculo (por ejemplo, desde la celda A1):

Producto	Precio (€)	Unidades	Total (€)
Cuadernos	2,50	120	=B2*C2
Rotuladores	3,20	80	=B3*C3
Lápices	0,90	250	=B4*C4
Carpetas	1,75	60	=B5*C5
Gomas	0,65	150	=B6*C6

La columna "Total" se calculará automáticamente al escribir la fórmula y luego arrastrarla hacia abajo.

Supongamos que quieres crear un rango con los datos de "Precio (€)" (celdas B2:B6).

Método 1: selección rápida

1. Selecciona las celdas B2:B6.
2. Observa que Excel ya reconoce ese fragmento como rango (no tiene todavía nombre, pero ya se puede usar en operaciones).
   Por ejemplo, podrías usar:

   =SUMA(B2:B6)

Continúa en página siguiente >>

<< Viene de página anterior

Cómo nombrar un rango (muy útil):

1. Selecciona el rango B2:B6.
2. En la parte superior izquierda, encima de la columna A (el cuadro de nombres), escribe: “precios”.

precios | fx | 2,5

	A	B	C	D
1	Producto	Precio (€)	Unidades	Total (€)
2	Cuadernos	2,5	120	300
3	Rotuladores	3,2	80	256
4	Lápices	0,9	250	225
5	Carpetas	1,75	60	105
6	Gomas	0,65	150	97,5
7				

El cuadro de nombres permite asignar un nombre identificativo a un rango de celdas.

3. Pulsa [Enter] (importante).
   Ahora ya puedes usar ese nombre en fórmulas, por ejemplo:

   =SUMA(precios)

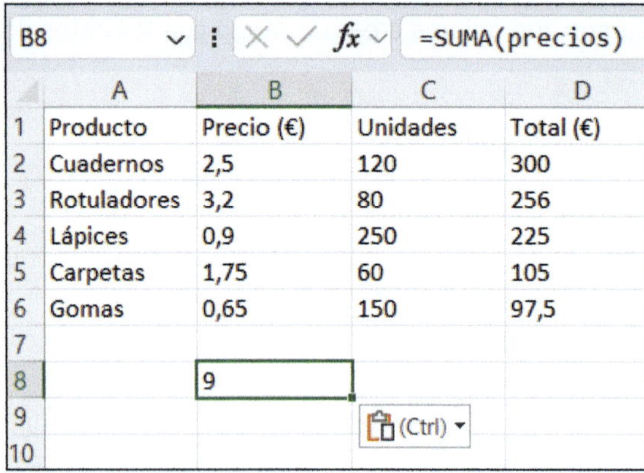

B8 | fx | =SUMA(precios)

	A	B	C	D
1	Producto	Precio (€)	Unidades	Total (€)
2	Cuadernos	2,5	120	300
3	Rotuladores	3,2	80	256
4	Lápices	0,9	250	225
5	Carpetas	1,75	60	105
6	Gomas	0,65	150	97,5
7				
8		9		
9			(Ctrl)	
10				

Los rangos nombrados pueden utilizarse directamente en fórmulas para facilitar su comprensión.

Continúa en página siguiente >>

<< Viene de página anterior

También puedes crearlo desde **Fórmulas → Nombres definidos → Administrador de nombres → Nuevo:**

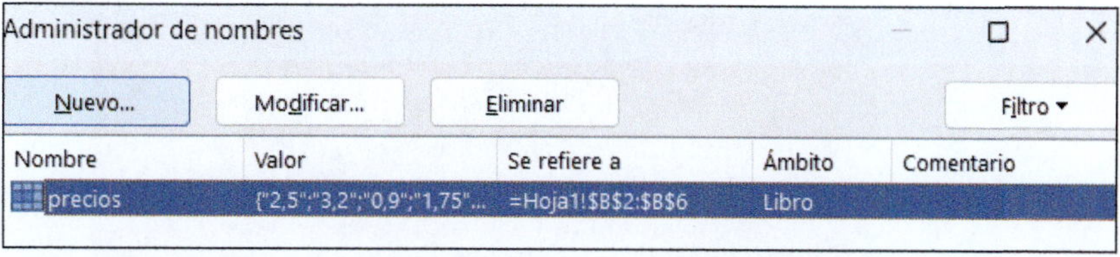

El administrador de nombres permite crear, modificar y eliminar rangos definidos en el libro.

2.2. Nombrar y administrar rangos de celdas de forma eficiente

Asignar un **nombre identificativo** a un rango de celdas permite **localizar información rápidamente,** reutilizarla en fórmulas y mejorar la comprensión del documento.

RECUERDA

En Excel 365, esta función puede gestionarse desde la pestaña **Fórmulas,** mediante el grupo **Nombres definidos,** que permite crear, modificar o eliminar nombres asignados.

Utilizar nombres claros y descriptivos, como "ventas_anuales" o "listado_productos", ayuda a mantener una **hoja entendible y sostenible** cuando el archivo se comparte o se consulta tiempo después:

Usar nombres descriptivos y fáciles de entender.
- Evita abreviaturas confusas y utiliza palabras completas que indiquen el contenido del rango, como "clientes_activos" o "ventas_2025".

Continúa en página siguiente >>

<< Viene de página anterior

No utilizar espacios ni caracteres especiales.
- Si se necesita separar palabras, se recomienda usar guiones bajos (_) o mayúsculas internas ("ventasMensuales").

Ser coherente en la forma de nombrar.
- Mantén un mismo estilo para todos los nombres del libro; por ejemplo, siempre en minúsculas o siempre con guion bajo.

Revisar y actualizar los nombres cuando cambie el contenido.
- Si la tabla crece, se reduce o cambia de área, conviene modificar el rango asociado.

Evitar nombres demasiado parecidos entre sí.
- No utilices nombres como "ventas1", "ventas2", "ventas3", ya que pueden generar confusión.

TAREA 3

Dispones de una hoja de cálculo que contiene registros de clientes en varias columnas: "Nombre", "Provincia", "Edad", "Importe gastado" y "Fecha de registro".

Tu tarea consiste en aplicar herramientas avanzadas para gestionar rangos de datos y mejorar la organización de la tabla:

1. Selección y edición avanzada de rangos

   Selecciona únicamente las filas correspondientes a clientes mayores de 40 años y aplica un color de relleno suave para diferenciarlos.
   Modifica el formato de la columna "Fecha de registro" para que muestre el formato dd/mm/aaaa.

2. Aplicación de nombres de rango

   Define un nombre de rango llamado "ImportesClientes", que incluya toda la columna "Importe gastado".

Continúa en página siguiente >>

<< Viene de página anterior

Comprueba que el nombre funciona utilizando una fórmula sencilla, por ejemplo:

=SUMA(ImportesClientes)

3. Ordenación y filtrado avanzado

Activa el filtro y muestra solamente los clientes cuya provincia sea Madrid. Luego, aplica un orden descendente por la columna "Importe gastado".

3. Gestión y validación de datos

HILO CONDUCTOR

En ocasiones, Sergio detecta que ciertos valores introducidos por otros compañeros no son correctos, lo que provoca errores en cálculos y reportes finales. Para evitar estas incidencias descubre que Excel permite establecer reglas de validación, crear listas desplegables, marcar valores incorrectos y mantener coherencia en los datos introducidos.

La **gestión de datos** tiene como finalidad asegurar que la información incorporada en una hoja de cálculo sea coherente, precisa y útil para su análisis posterior.

Excel ofrece herramientas para **ordenar, filtrar, combinar y depurar datos,** de manera que sea posible trabajar con volúmenes amplios sin necesidad de revisar cada celda individualmente.

Por su parte, la **validación de datos** es un mecanismo que permite definir normas de entrada para evitar errores de digitación o formatos incorrectos. Con esta opción se pueden crear listas desplegables, mensajes preventivos, alertas de error o restricciones numéricas.

3.1. Validar y controlar la entrada de datos en las hojas de cálculo

La **validación de datos** es una herramienta esencial para **evitar errores de introducción y garantizar la coherencia del contenido.**

Desde la pestaña **Datos,** se puede acceder a la opción **Validación de datos** dentro del grupo **Herramientas de datos:**

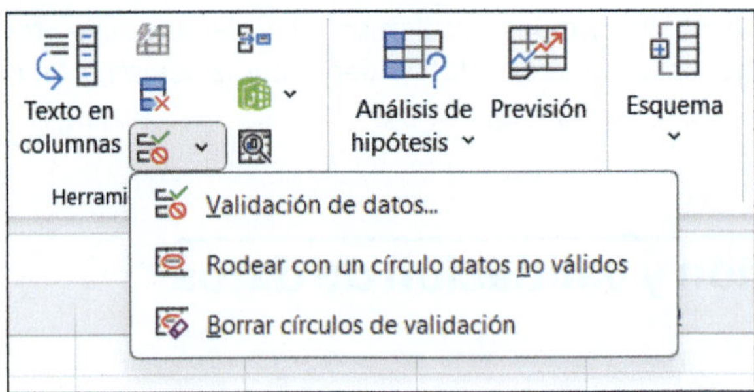

La validación de datos permite controlar la entrada de información en celdas específicas.

Esta función permite:

- **Establecer reglas.** Permitir solo números, fechas, listas desplegables, longitudes específicas o limitar el valor a un rango numérico permitido.

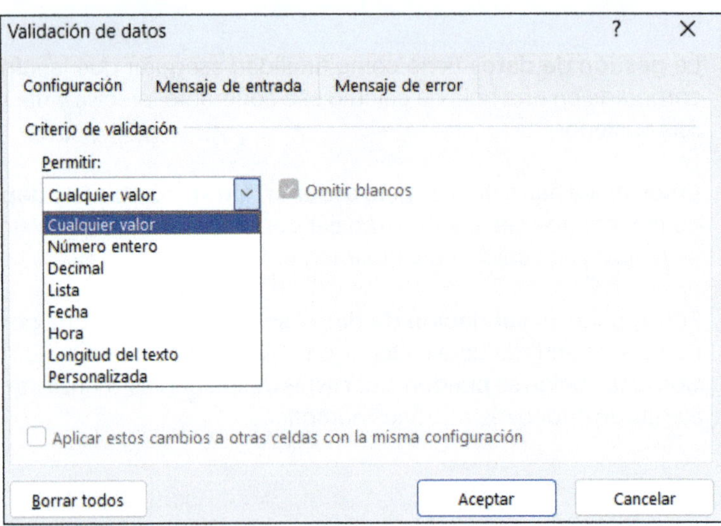

Es posible establecer reglas para limitar los valores introducidos en una celda.

- **Configurar mensajes.** Mensajes de entrada para guiar la escritura y mensajes de error personalizados para informar de forma clara qué tipo de contenido es válido.

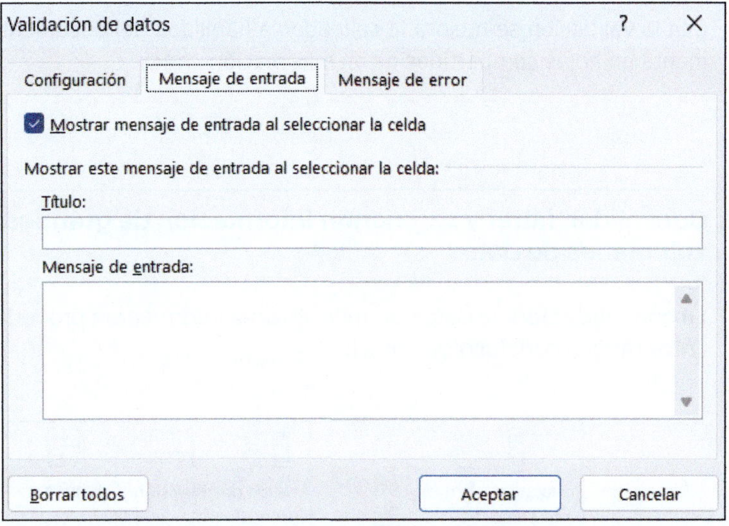

Los mensajes de entrada guían al usuario sobre el tipo de dato que debe introducir.

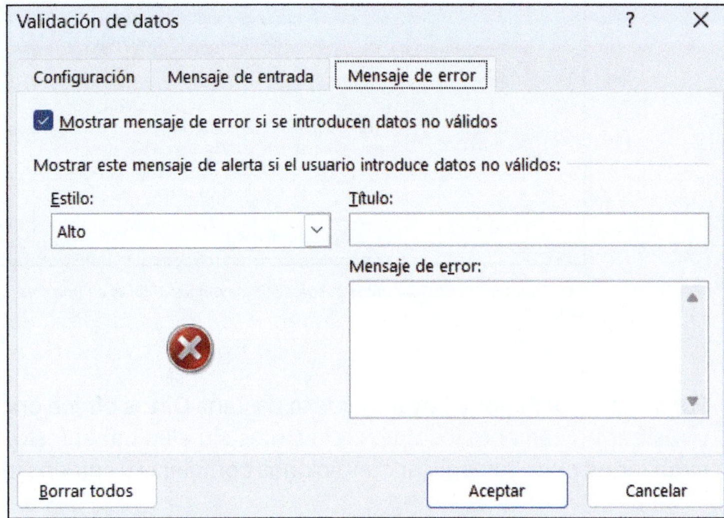

Los mensajes de error personalizados informan al usuario cuando se incumple una regla de validación.

NOTA

Con la validación se mejora la calidad y la fiabilidad del documento, especialmente en hojas compartidas o con información crítica.

3.2. Consolidar, filtrar y segmentar información de grandes volúmenes de datos

La **consolidación** de datos permite agrupar información procedente de distintos rangos o incluso de otros libros.

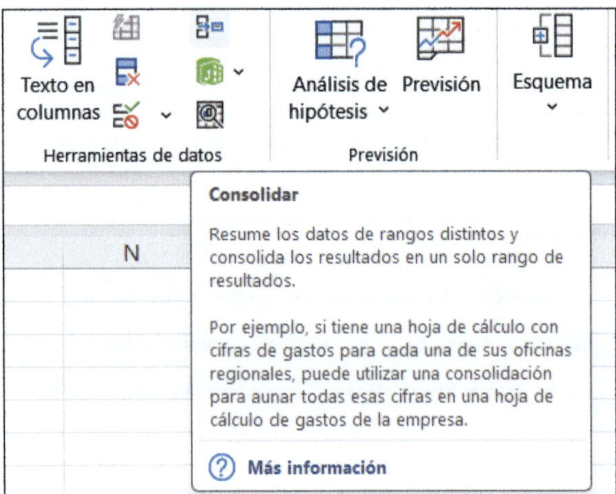

Excel permite consolidar datos desde distintos rangos o libros en una sola tabla.

Por su parte, **ordenar y filtrar** desde la pestaña **Datos** ofrece opciones para visualizar únicamente los datos relevantes sin eliminar el resto. Los **filtros avanzados** permiten aplicar condiciones complejas y criterios múltiples.

NOTA

Al convertir los rangos en tablas con segmentadores, la visualización y navegación se vuelve más intuitiva, facilitando la toma de decisiones.

4. Análisis de información con tablas y gráficos dinámicos

HILO CONDUCTOR

Cuando Sergio necesita presentar informes, observa que rehacer gráficos o resumir datos manualmente consume mucho tiempo. Aquí descubre las tablas dinámicas, una herramienta diseñada para agrupar, ordenar, resumir, filtrar y comparar datos desde diferentes ángulos con unos pocos clics.

Las **tablas dinámicas** son una herramienta que permite analizar grandes volúmenes de datos y obtener resúmenes automáticos sin necesidad de crear fórmulas complejas.

Los **gráficos dinámicos,** por su parte, transforman los resultados de las tablas dinámicas en **representaciones visuales fáciles de interpretar,** permitiendo al usuario reconocer tendencias o resultados relevantes de forma inmediata.

4.1. Crear tablas dinámicas para analizar información compleja

Las **tablas dinámicas** de Excel 365 permiten **analizar y resumir datos extensos** mediante un sistema de campos que puede configurarse de forma flexible.

Se pueden crear desde la pestaña **Insertar,** eligiendo **Tabla dinámica** o **Tablas dinámicas recomendadas.**

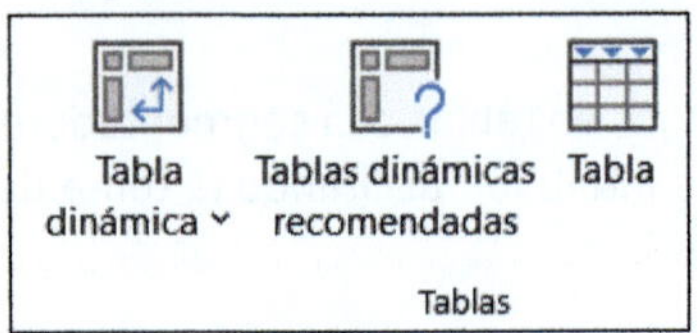

Las tablas dinámicas permiten resumir grandes volúmenes de datos de forma flexible.

Tras hacer clic en **Insertar,** el proceso es el siguiente:

- **Seleccionar los datos.** Primero se debe seleccionar el rango de datos que contiene la información (por ejemplo: A1:D6):

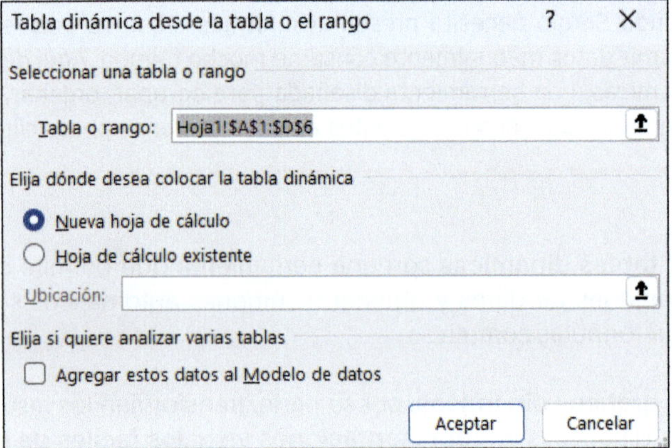

Para crear una tabla dinámica, primero se debe seleccionar el rango de datos.

- **Configurar los campos.** Para crear el análisis, es necesario arrastrar cada campo a uno de los cuatro apartados:

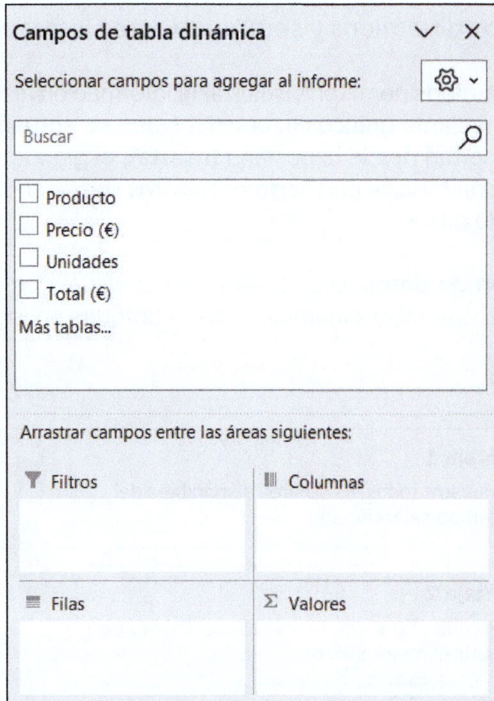

Los campos de la tabla dinámica se organizan en áreas de filas, columnas, valores y filtros.

- **Interpretar el resultado.** Una vez colocados los campos, Excel genera una tabla resumen. Esta tabla puede modificarse en cualquier momento moviendo los campos de sitio:

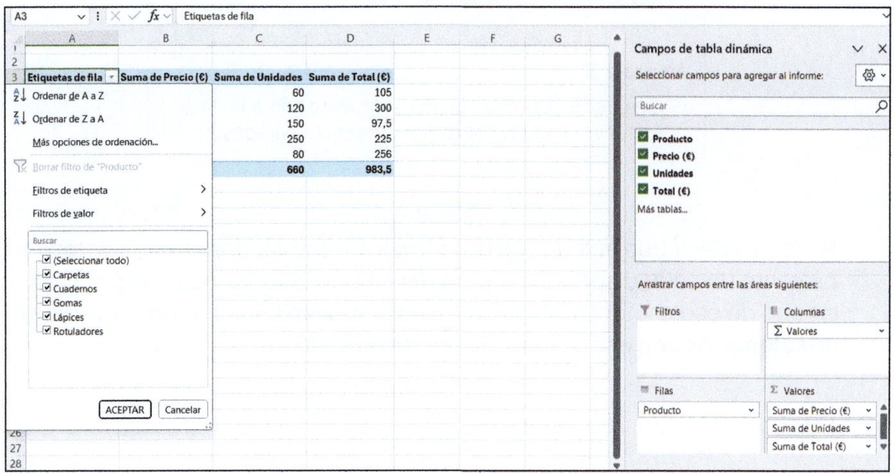

El resultado de la tabla dinámica se actualiza automáticamente al modificar los campos.

4.2. Diseñar gráficos dinámicos y segmentadores interactivos

Los **gráficos dinámicos** permiten visualizar la información resumida en una tabla dinámica mediante gráficos interactivos que **se actualizan automáticamente.** Se insertan desde la pestaña **Insertar,** eligiendo **Gráfico dinámico,** y pueden combinarse con **segmentadores** desde el menú **Insertar, Segmentación de datos.**

La **segmentación de datos** es una herramienta visual que permite filtrar la información de una tabla dinámica usando botones en lugar de menús desplegables:

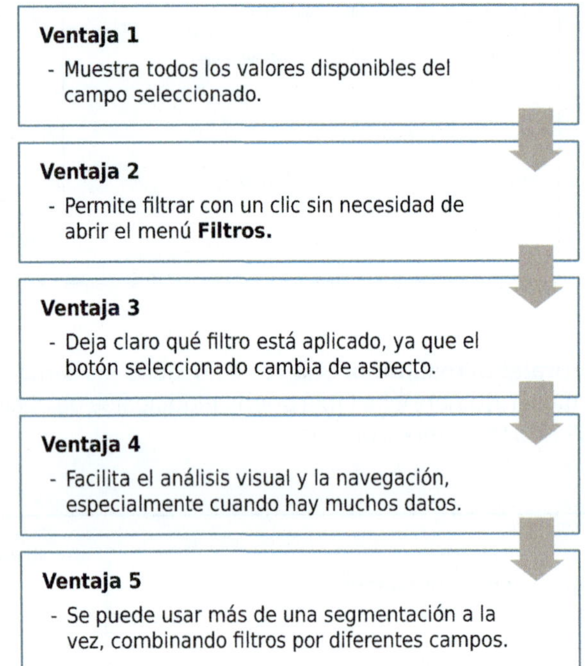

Podemos decir que actúa como un **filtro interactivo,** donde cada botón representa un valor disponible dentro del campo seleccionado. Al hacer clic en uno de esos botones, la tabla dinámica **muestra únicamente los datos relacionados con esa opción,** ocultando el resto.

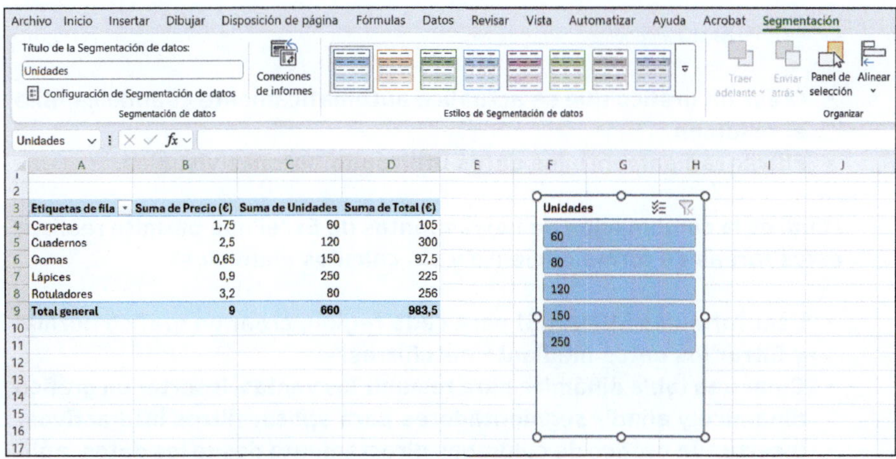

Etiquetas de fila	Suma de Precio (€)	Suma de Unidades	Suma de Total (€)
Carpetas	1,75	60	105
Cuadernos	2,5	120	300
Gomas	0,65	150	97,5
Lápices	0,9	250	225
Rotuladores	3,2	80	256
Total general	**9**	**660**	**983,5**

Los segmentadores permiten filtrar los datos de forma visual e interactiva.

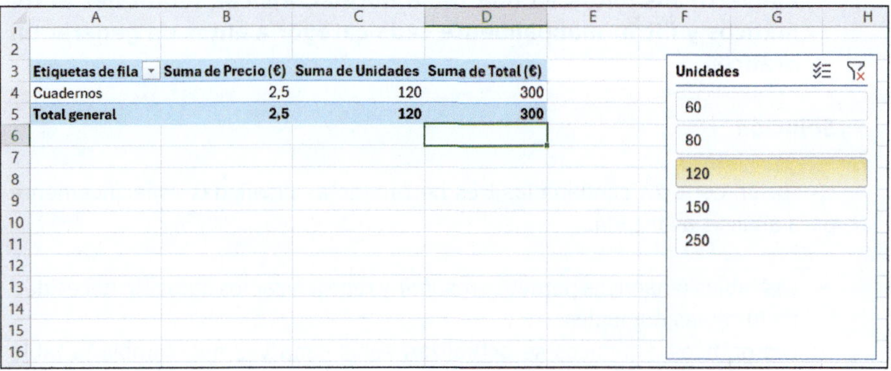

Etiquetas de fila	Suma de Precio (€)	Suma de Unidades	Suma de Total (€)
Cuadernos	2,5	120	300
Total general	**2,5**	**120**	**300**

El panel de segmentación permite filtrar los datos de la tabla dinámica seleccionando valores específicos del campo "Unidades".

APLICACIÓN PRÁCTICA

Sergio recibe un archivo con miles de registros de ventas distribuidos por producto, mes y región. Necesita generar un informe que le permita:

- **Resumir el total vendido por región.**
- **Poder reorganizar el análisis (por mes, producto, vendedor) sin rehacer fórmulas.**

Continúa en página siguiente >>

<< Viene de página anterior

- **Crear un gráfico que se actualice automáticamente cuando cambie el resumen.**
- **Filtrar rápidamente los datos utilizando botones visuales.**

¿Cuál es la combinación de herramientas de Excel que permite realizar estas tareas de forma eficiente y sin cálculos manuales?

- **Usar fórmulas SUMAR.SI para cada región, crear un gráfico normal y filtrar los datos mediante autofiltros.**
- **Crear una tabla dinámica para resumir las ventas, insertar un gráfico dinámico y añadir segmentadores para aplicar filtros interactivos.**
- **Insertar un gráfico de columnas directamente desde los datos, aplicar formato condicional y usar el buscador para localizar registros específicos.**
- **Convertir los datos en una tabla normal, aplicar subtotales automáticos y filtrar manualmente cada categoría antes de generar un gráfico.**

Solución

La opción correcta combina las tres herramientas diseñadas específicamente para análisis avanzado:

- Las tablas dinámicas permiten resumir y reorganizar los datos sin necesidad de fórmulas manuales.
- Los gráficos dinámicos se actualizan solos cada vez que cambia la tabla dinámica, evitando rehacer visualizaciones.
- Los segmentadores actúan como filtros interactivos que permiten explorar los datos rápidamente mediante botones visuales.

5. Automatización de procesos mediante macros

HILO CONDUCTOR

En su día a día, Sergio repite continuamente tareas como copiar datos, dar formato, generar informes o mover archivos. Para evitar repetir siempre los

Continúa en página siguiente >>

<< Viene de página anterior

mismos pasos, aprende a usar macros, una herramienta que permite grabar acciones y reproducirlas cuando sea necesario.

Las **macros** permiten **automatizar tareas repetitivas** mediante la grabación de una secuencia de acciones que posteriormente pueden ejecutarse con un solo clic.

Gracias a este recurso, procesos que normalmente requieren tiempo y atención pueden realizarse de forma rápida, estandarizada y con una menor probabilidad de error humano.

Durante la grabación, Excel registra paso a paso las acciones realizadas para convertirlas en un procedimiento reutilizable:

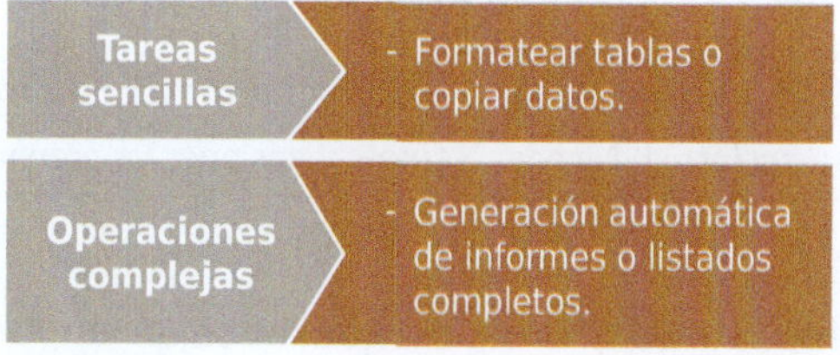

ACTIVIDAD COMPLEMENTARIA

2. Analiza cómo las tablas dinámicas, los gráficos dinámicos y los segmentadores permiten resumir, visualizar y filtrar grandes volúmenes de datos en Excel. Reflexiona sobre su aplicación práctica en contextos reales de trabajo, como la elaboración de informes, el análisis de ventas o la toma de decisiones estratégicas.
   ¿Qué ventajas ofrece una tabla dinámica frente a una tabla tradicional cuando se trabaja con grandes volúmenes de datos?
   ¿Cómo mejora la interpretación de los resultados al usar gráficos dinámicos en lugar de gráficos estáticos?
   ¿En qué situaciones es útil incorporar segmentadores en una tabla dinámica? ¿Qué aportan al análisis visual?
   Propón un ejemplo concreto en el que una tabla dinámica con gráfico y segmentador facilite la toma de decisiones en un entorno profesional.

5.1. Introducir conceptos básicos de macros y automatización

En Excel 365, la automatización puede realizarse utilizando **Macros VBA** o herramientas modernas como ***Office Scripts***, disponibles en la pestaña **Automatizar.**

El concepto central es registrar una serie de pasos para que se ejecuten automáticamente cuando sea necesario:

- *Office Scripts* — pestaña **Automatizar:** (Automatización moderna basada en la nube)
  En esta pestaña se encuentran las herramientas que permiten crear y ejecutar *scripts* desarrollados en *TypeScript*, orientados a entornos de *Microsoft 365* y de trabajo *online.*

Comando	Función
Nuevo *script*	Crear un script personalizado mediante editor *online*.
Ver *scripts*	Consultar, ejecutar o gestionar *scripts* existentes.
Galería de *scripts*	Acceder a automatizaciones ya preparadas como ejemplos.

  Recomendado para usuarios que trabajan en *OneDrive, SharePoint, Teams* o entornos colaborativos.
- Macros (VBA) — pestaña **Vista → Macros**: (Automatización clásica grabada o programada)
  Desde este menú se trabaja con macros tradicionales, basadas en el lenguaje VBA, útiles para automatizar tareas dentro del archivo de Excel.
  Opciones que aparecen en tu menú desplegable:

Comando	Función
Ver macros	Mostrar, editar o ejecutar macros existentes.
Grabar macro...	Registrar acciones paso a paso para reproducirlas.
Usar referencias relativas	Controlar cómo se graban los movimientos entre celdas.

  Es adecuado para automatizaciones locales, sin necesidad de conexión a internet, y es compatible con versiones anteriores de Excel.

5.2. Grabar macros para optimizar tareas repetitivas

La función **Grabar macro** registra cada acción realizada, como si se tratara de una grabadora, y la reproduce más adelante mediante un clic o un acceso directo.

Esto supone un ahorro de tiempo considerable en tareas administrativas y operativas:

- **Preparación antes de grabar (planificación).** Antes de iniciar la grabación, debes tener claro qué pasos realizarás:
  - Seleccionar encabezados.
  - Aplicar negrita.
  - Seleccionar todo el rango.
  - Aplicar bordes.
  - Ajustar ancho de columnas.
- **Iniciar la grabación**
  1. Ve a la pestaña **Vista.**
  2. Haz clic en **Macros.**
  3. Selecciona **Grabar macro...**
  4. En la ventana emergente:

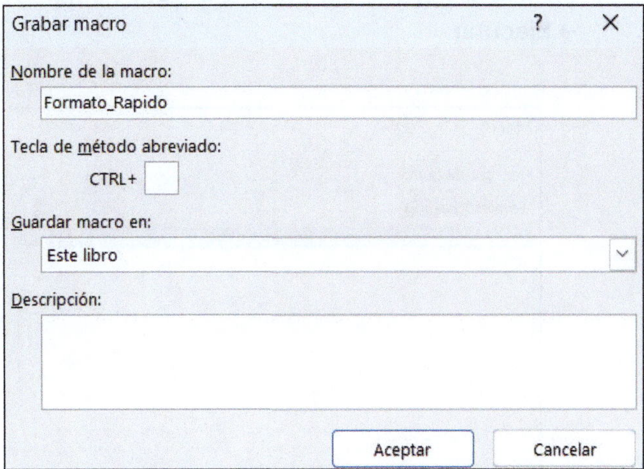

Al grabar una macro, se puede asignar un nombre y un método abreviado para ejecutarla fácilmente.

- Escribe un nombre, por ejemplo: "Formato_Rapido".
- (Opcional) Asigna un método abreviado, por ejemplo: [Ctrl + Mayús + F]
- Pulsa **Aceptar.**

En este momento, Excel está grabando cada acción.

- **Realizar las acciones que formarán parte de la macro**

5. Selecciona la fila de encabezados (por ejemplo, A1:D1).
6. Aplica negrita desde **Inicio.**
7. Selecciona todo el rango (por ejemplo, A1:D10).
8. Ve a **Inicio → Bordes → Todos los bordes.**
9. Ajusta el ancho de columnas con doble clic en el borde entre encabezados (o **Inicio → Formato → Autoajustar ancho de columna**)

- **Finalizar la grabación:**

- Ve nuevamente a **Vista → Macros.**
- Haz clic en **Detener grabación.**

La macro ya queda almacenada y lista para usar.

- **Ejecutar la macro cuando la necesites.** Desde el menú:

- **Vista → Macros → Ver macros → Seleccionar "Formato_Rapido" → Ejecutar**

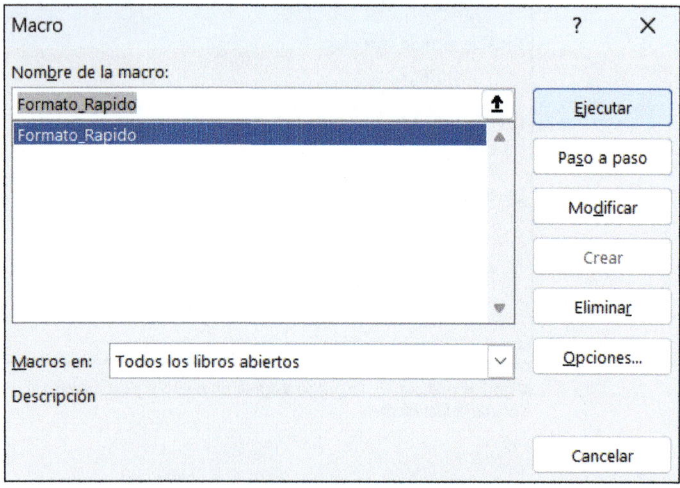

*Las macros grabadas pueden ejecutarse desde el menú **Ver macros** en Excel.*

TAREA 4

Imagina que trabajas en el área de análisis de ventas de una empresa de suministros escolares. Recibes semanalmente un archivo Excel con datos de productos, precios, unidades vendidas y fechas de venta. Tu objetivo es preparar una hoja de cálculo optimizada que permita organizar, validar y analizar esta información de forma eficiente.

A continuación, se presenta una tabla base que deberás introducir en tu hoja de cálculo (desde la celda A1):

Producto	Precio (€)	Unidades	Fecha de venta
Cuadernos	2,50	120	03/01/2025
Rotuladores	3,20	80	05/01/2025
Lápices	0,90	250	06/01/2025
Carpetas	1,75	60	07/01/2025
Gomas	0,65	150	08/01/2025

- Selecciona el rango de precios (B2:B6) y asígnale el nombre "precios_unitarios".
- Crea otro rango llamado "ventas_totales" que multiplique precio por unidades.
- Aplica validación para que los precios estén entre 0,50 y 10,00 €.
- Configura la columna "Fecha de venta" para aceptar solo fechas posteriores al 01/01/2025.
- Añade un mensaje de entrada que indique el formato correcto de fecha.
- Crea una tabla dinámica que agrupe las unidades vendidas por producto.
- Inserta un gráfico dinámico de columnas.
- Añade un segmentador para filtrar por producto.

6. Intercambio de información con otras fuentes y aplicaciones

☞ HILO CONDUCTOR

Sergio comienza a trabajar con datos procedentes de otros programas, plataformas *online* e incluso informes contables externos. En lugar de copiar y pegar, aprende que Excel ofrece herramientas para importar datos desde archivos, bases de datos o páginas web, y exportar resultados a distintos formatos, manteniendo siempre la integridad de la información.

Excel permite **importar y exportar información** de forma sencilla, lo que favorece el trabajo con datos procedentes de otras herramientas, aplicaciones o sistemas tecnológicos.

La **importación** evita la introducción manual de datos y posibilita el acceso a información desde archivos CSV, TXT, bases de datos externas o fuentes *online,* manteniendo su estructura original.

La **exportación** facilita el envío y el uso de información en diferentes formatos según las necesidades del contexto.

6.1. Importar datos desde diferentes fuentes y formatos externos

Desde la pestaña **Datos,** Excel 365 incorpora el panel **Obtener datos,** que permite importar información desde **CSV, TXT, bases de datos, páginas web, imágenes con OCR, servicios en la nube y otras aplicaciones.**

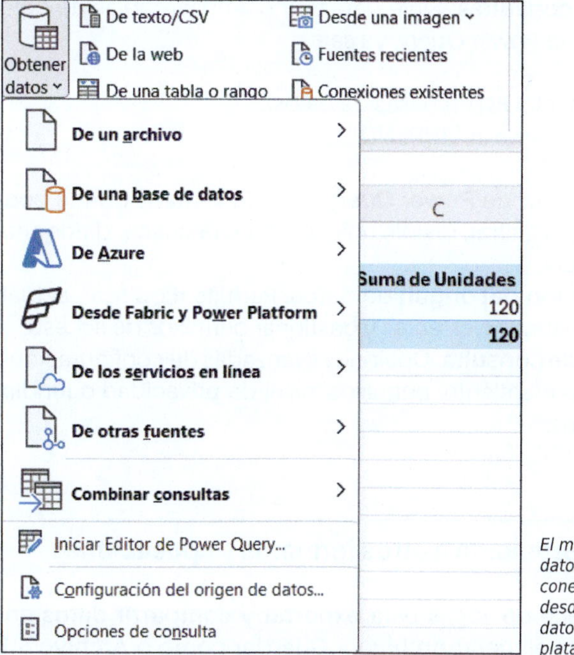

El menú Obtener datos de Excel permite conectar información desde archivos, bases de datos, servicios online y plataformas en la nube.

Esta función evita la introducción manual y garantiza que los datos mantengan su estructura original.

- **De un archivo.** Permite importar datos almacenados en archivos físicos locales o de red. Incluye formatos como Excel, CSV, XML, JSON, PDF, y carpetas con varios archivos, entre otros.
- **De una base de datos.** Conecta Excel con bases de datos profesionales para extraer datos actualizados o realizar análisis. Algunos ejemplos comunes: *SQL Server, Access, Oracle, MySQL, PostgreSQL* o *IBM Db2,* entre otros.
- **De *Azure*.** Permite conectarse a servicios y bases de datos alojadas en la nube de *Microsoft Azure,* como *Azure SQL Database, Azure Blob Storage* o *Data Lake.*
- **Desde *Fabric* y *Power Platform*.** Conecta Excel a servicios y entornos de análisis y automatización de *Microsoft,* como Power BI, Power *Apps* o *Power Automate.*
- **De los servicios en línea.** Importa datos desde servicios de internet, como *SharePoint Online, Salesforce, Dynamics, Facebook* o *Google Analytics,* entre otros conectores disponibles en la versión usada.
- **De otras fuentes.** Incluye conectores adicionales como *OData, Hadoop,* SAP, archivos binarios, o incluso consultas avanzadas mediante ODBC y OLE DB. Es el apartado más flexible y técnico.

- **Combinar consultas.** Sirve para unir o ampliar tablas de datos obtenidas mediante *Power Query,* ya sea:
  - Combinar (JOIN en bases de datos).
  - Agregar o anexar (APPEND).
- **Iniciar el editor de *Power Query.*** Abre la ventana donde podrás transformar, limpiar, filtrar, dividir, unir, pivotar o deshacer datos antes de cargarlos a Excel.
- **Configuración del origen de datos.** Permite modificar, actualizar o eliminar conexiones existentes y gestionar permisos de acceso.
- **Opciones de consulta.** Opciones avanzadas de configuración para controlar comportamiento, permisos, nivel de privacidad o rendimiento de las consultas.

6.2. Exportar información a otros formatos y aplicaciones

Excel 365 ofrece opciones para **exportar y compartir datos** en distintos formatos desde el menú **Archivo** > **Guardar como** o **Archivo** > **Exportar,** pudiendo elegir formatos como **XLSX, PDF, CSV, ODS** o **HTML.**

También permite el uso de **vínculos compartidos en la nube** y la exportación directa a ***Power BI*** o ***SharePoint.***

Excel 365 incorpora funciones que permiten importar datos desde archivos, bases de datos o servicios en línea, y exportar resultados a distintos formatos. Para trabajar con datos externos de forma eficiente, es importante conocer qué herramienta permite transformar, combinar y preparar la información antes de cargarla en la hoja de cálculo.

¿Cuál de las siguientes afirmaciones identifica correctamente la herramienta que permite transformar datos importados antes de usarlos en Excel?

- **El panel Obtener datos permite aplicar filtros avanzados directamente sobre la hoja.**

Continúa en página siguiente >>

<< Viene de página anterior

- ***Power Query* permite limpiar, combinar y transformar datos antes de cargarlos.**
- **La opción Guardar como permite convertir datos importados en tablas dinámicas.**
- **El comando Insertar tabla permite importar datos desde servicios en línea.**

Solución

Power Query es la opción adecuada cuando se necesita transformar datos importados antes de utilizarlos en Excel. Desde su editor, es posible limpiar, dividir, combinar, pivotar o aplicar filtros a la información, asegurando que los datos mantengan su estructura y sean útiles para el análisis. A diferencia de otras funciones que trabajan directamente sobre la hoja, *Power Query* actúa como una etapa previa que mejora la calidad y organización de los datos antes de integrarlos en el libro.

7. Resumen

En Excel 365, la edición avanzada y la gestión de rangos permiten trabajar con datos de manera más organizada y eficiente. Las herramientas del grupo **Edición,** como rellenar, ordenar y filtrar, borrar o buscar y seleccionar, facilitan la manipulación de grandes volúmenes de información. Además, la gestión de rangos hace posible localizar datos rápidamente, reutilizarlos en distintas operaciones y aplicar acciones masivas. Nombrar rangos aporta claridad y permite que las fórmulas sean más comprensibles y fáciles de mantener.

La gestión y validación de datos es otro aspecto fundamental:

Validación de datos
- Establecer reglas de entrada. - Crear listas desplegables para controlar valores. - Configurar mensajes de error o advertencia personalizados. - Garantizar coherencia y fiabilidad en la información.

Continúa en página siguiente >>

<< Viene de página anterior

Consolidar y filtrar
- Agrupar datos de distintos rangos o libros. - Aplicar filtros avanzados con condiciones múltiples. - Trabajar solo con la información relevante.

Segmentadores
- Usar filtros visuales en tablas dinámicas. - Seleccionar valores con un clic. - Ofrecer una navegación más intuitiva y rápida. - Aportar claridad sobre qué filtro está aplicado.

Por su parte, las **tablas y gráficos dinámicos** son herramientas clave en Excel que permiten resumir información de forma flexible y convertirla en representaciones visuales interactivas.

En el ámbito de la **automatización,** Excel ofrece dos opciones:

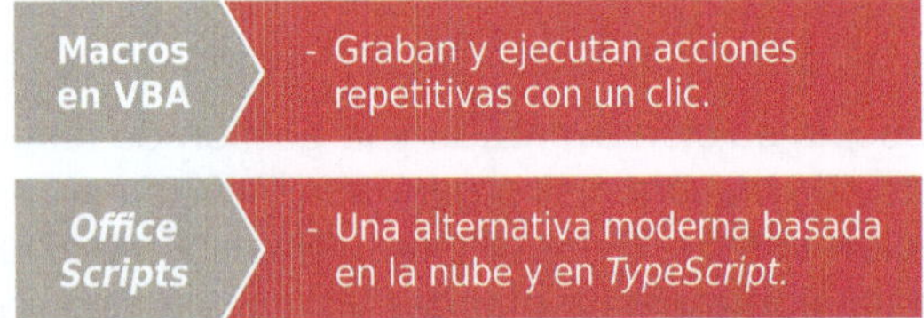

Por último, Excel permite el **intercambio de información con otras fuentes y aplicaciones.** Se pueden importar datos desde archivos, bases de datos o servicios en línea. En cuanto a la exportación, ofrece múltiples formatos, como XLSX, PDF, CSV o HTML.

Ejercicios de autoevaluación
Unidad de Aprendizaje 2

1. ¿Qué herramienta permite automatizar tareas repetitivas en Excel mediante grabación de acciones?

a. Macros
b. Segmentadores
c. Validación de datos
d. Buscar y seleccionar

2. ¿Cuál es la función del comando Relleno rápido en el grupo Edición?

a. Aplicar formato condicional.
b. Justificar texto en varias líneas.
c. Detectar patrones y completar datos automáticamente.
d. Eliminar contenido duplicado.

3. ¿Qué permite hacer el comando Ir a Especial... en Excel?

a. Crear rangos con nombre.
b. Insertar gráficos dinámicos.
c. Seleccionar celdas con características específicas.
d. Consolidar datos de varios libros.

4. Indica si las siguientes oraciones son verdaderas o falsas:

a. "Las macros permiten registrar acciones para automatizarlas".

- Verdadero
- Falso

b. "Los segmentadores permiten aplicar filtros visuales en tablas dinámicas".

- Verdadero
- Falso

c. "La opción Borrar todo elimina únicamente el contenido de las celdas".

- Verdadero
- Falso

5. ¿Qué ventaja ofrece nombrar rangos en una hoja de cálculo?

a. Permite ocultar celdas.
b. Aplica bordes automáticamente.
c. Mejora la claridad y reutilización en fórmulas.
d. Convierte los datos en gráficos.

6. ¿Qué tipo de gráfico se actualiza automáticamente al modificar la tabla dinámica?

a. Gráfico circular
b. Gráfico de dispersión
c. Gráfico de líneas
d. Gráfico dinámico

7. Indica si las siguientes oraciones son verdaderas o falsas:

a. "*Power Query* permite transformar, limpiar y combinar datos antes de cargarlos".

- Verdadero
- Falso

b. "La validación de datos solo se puede aplicar a celdas con texto".

- Verdadero
- Falso

c. "Los gráficos dinámicos se actualizan automáticamente al cambiar los datos de origen".

- Verdadero
- Falso

8. ¿Qué herramienta permite importar datos desde archivos, bases de datos o servicios en línea?

a. Obtener datos (panel de importación)
b. Insertar tabla
c. Validación de datos
d. Guardar como

9. ¿Qué función permite filtrar visualmente los datos de una tabla dinámica?

a. Validación de datos
b. Buscar y seleccionar
c. Segmentadores
d. Consolidar datos

10. Indica si las siguientes oraciones son verdaderas o falsas:

a. "Nombrar rangos facilita el uso de fórmulas más comprensibles".

- Verdadero
- Falso

b. "El comando Buscar... permite localizar palabras, números o fragmentos de texto".

- Verdadero
- Falso

c. "Los filtros avanzados permiten aplicar condiciones múltiples en una tabla".

- Verdadero
- Falso

Glosario

Función BUSCARX (XLOOKUP)
Versión moderna de las búsquedas en Excel. Permite localizar valores en columnas o filas sin necesidad de ordenar, y permite buscar hacia la izquierda, hacia la derecha, hacia arriba o hacia abajo.

Función ÍNDICE
Devuelve el valor de una celda ubicada en una posición específica dentro de un rango o matriz. Es fundamental para búsquedas más flexibles que BUSCARV.

Función SI.CONJUNTO
Permite evaluar múltiples condiciones secuenciales sin necesidad de anidar varios SI. Devuelve el resultado asociado a la primera condición verdadera.

Nombre definido de rango
Etiqueta personalizada asignada a una celda o conjunto de celdas (por ejemplo, *VentasMensuales*). Facilita la lectura de fórmulas y evita depender de referencias, como C5:C50.

Rango estructurado
Conjunto de celdas pertenecientes a una tabla de Excel que utilizan nombres propios (como *Tabla1[Ventas]*) para facilitar cálculos dinámicos sin depender de referencias tradicionales, como A1:B10.

Referencia absoluta
Referencia fija a una celda o rango que no cambia al copiar una fórmula. Se representa con el símbolo $ (por ejemplo: $A$1).

Referencia mixta
Referencia donde solo la columna o solo la fila quedan fijadas. Una parte es relativa y otra absoluta, como $A1 o A$1.

Tabla dinámica *(pivot table)*

Herramienta que permite resumir, agrupar y analizar grandes volúmenes de datos mediante campos arrastrables, sin necesidad de fórmulas complejas.

Validación de datos

Función que limita los valores permitidos en una celda o rango, estableciendo reglas como listas, intervalos numéricos o fórmulas personalizadas.

Bibliografía

Monografías

→ GOYANES Arnedo, B.: *Excel Microsoft 365: Domine las funciones avanzadas con la hoja de cálculo de Microsoft.* Barcelona: ENI, 2024.

Este libro está orientado a personas que ya dominan lo básico de Excel y desean avanzar hacia un uso profesional, centrado en la manipulación y validación de datos, automatización, creación de plantillas, uso de funciones complejas y análisis avanzado mediante herramientas como matrices, consolidación, importación de datos externos y funciones lógicas y de búsqueda.

→ LLENA Hurtado, S.: *Aprender Excel 365/2019 con 100 ejercicios prácticos.* Barcelona: Marcombo, 2019.

Este libro está planteado como una guía práctica para aprender Excel mediante ejercicios progresivos, desde el nivel inicial hasta el intermedio, abordando tareas reales como elaboración de calendarios, tablas, informes, gráficos y funciones básicas, con el objetivo de que el lector aprenda haciendo y obtenga autonomía en el uso cotidiano y profesional del programa.

Textos electrónicos

→ Excel 2019-365: Curso práctico paso a paso, de: <https://tipsdeexcel.com/wp-content/uploads/2024/05/Curso-Practico-Paso-a-Paso-de-Cero-a-Avanzado.pdf>.

Esta publicación actúa como una guía formativa basada en ejercicios prácticos y secuenciales para aprender a utilizar Excel en las versiones 2019 y 365. Está pensada para personas que se inician o que desean reforzar conocimientos previos, ofreciendo actividades que acompañan cada contenido.

→ Guía de Microsoft Excel, de: <https://www.plenainclusion.org/wp-content/uploads/2022/02/Plena-inclusion-Murcia.-Guia-de-Excel.pdf>.

Esta publicación se integra dentro de una iniciativa educativa accesible impulsada por Plena inclusión y por la Fundación Vodafone España, cuyo objetivo es apoyar el aprendizaje de *Microsoft* Excel en personas con diferentes necesidades de apoyo. El recurso se presenta en secciones prácticas con explicaciones visuales, sencillas y adaptadas, abordando desde el manejo inicial del programa hasta su aplicación en tareas habituales relacionadas con la organización y el trabajo digital.

→ Los 10 trucos y secretos de Excel más importantes para sacarle el máximo rendimiento, de: <https://marketing.marcombo.com/contenidosadicionales/INFORMATICA-Los-10-Trucos-y-Secretos-de-Excel-mas-importantes-para-sacarle-el-maximo-rendimiento.pdf>.

Este documento reúne una selección de trucos y funcionalidades avanzadas de *Microsoft* Excel diseñadas para mejorar la productividad en el trabajo diario. Explica herramientas que permiten agilizar cálculos, organizar datos de forma más eficiente y crear gráficos de manera intuitiva. Además, describe opciones poco conocidas que optimizan el uso de hojas de cálculo tanto en entornos profesionales como personales, ayudando al lector a sacar mayor partido de Excel sin necesidad de conocimientos técnicos previos.